重庆奉节打造新时代"红岩先锋"变革型组织县域实践案例集

方 明 宋道雷 ◎ 主编

复旦大学出版社

重庆奉节打造新时代"红岩先锋"变革型组织县域实践案例集

指导委员会

主　任：张　果　奉节县委书记

副主任：巩义胜　奉节县委副书记、县长

　　　　向益平　奉节县人大常委会党组书记、主任

　　　　吴康轩　奉节县政协党组书记、主席

　　　　谢云凯　奉节县委副书记

　　　　熊　健　奉节县委常委、组织部部长

委　员：刘　涛　颜建华　邢　平　周　奎　王勇锋　杨　李

重庆奉节打造新时代"红岩先锋"变革型组织县域实践案例集

编辑委员会

主　编：方　明　复旦大学马克思主义学院党委书记
副主编：宋道雷　复旦大学马克思主义学院副教授、博士生导师
编　委：王钰洁　闫博文　黄昊峰　于世润　张　雪　钱思恩

序

习近平总书记指出："县级党委是一线指挥部，要集中精力做好抓基层打基础工作。"奉节县在深入开展学习贯彻习近平新时代中国特色社会主义思想主题教育期间，深入贯彻习近平总书记重要指示精神，认真落实市委部署，扛起试点责任，全面提高党的领导力、组织力，"加快打造新时代'红岩先锋'变革型组织，进一步提升党的组织体系建设整体效能"，树立"县级党委抓联动，越往基层越集成"的理念，探索以"联动式集成"党建统领模式，聚力打造新时代"红岩先锋"变革型组织，不断增强各级党组织改革求变、开拓创新的能力。

奉节县通过"联动式集成"党建统领的路径打造新时代"红岩先锋"变革型组织。"联动式集成"党建统领模式是县级党委在深入开展学习贯彻习近平新时代中国特色社会主义思想主题教育之际，按照"学思想、强党性、重实践、建新功"的总要求，落实习近平总书记强调的"县级党委是一线指挥部"的角色和功能，打造新时代"红岩先锋"变革型组织，全面提升党的领导力、组织力的重要探索。具体来讲，"联动式集成"党建统领模式的根本保证是"坚持和加强党的全面领导"，县级党委是第一统筹者，党的领导力、组织力是第一推动力。"联动式集成"党建统领模式的核心理念是组织好、凝聚好、服务好群众，城乡居民是第一参与者。"联动式集成"党建统领模式的关键是过硬的党员干部队伍，党组织书记是第一责任人，基层党员干部是第一行动者。"联动式集成"党建统领的重要举措是多元联动和系统集成，实事化、扁平化、参与化、治理化、数字化、专业化是其六大特征。

奉节通过"联动式集成"党建统领的路径探索出了县域党建的新路子。在现代化新重庆的建设过程中，奉节县要素多元、组合复杂、变革迅速。奉节作为城市化进程中的县城、人口流出型的县城，与重庆市其他区域或全国其他县城相比，既有自己的优势，也有自己的短板。奉节作为西南的大县：既有城的特征，又有乡的特色；既有治理的压力，又有发展的需求；既有文化的积淀，又有产业的缺口。因此，奉节坚持固根基、强优势、补短板、聚合力的发展思路，以联动的方式形成更大优势，以集成的形态攻克主要问题。基于此，奉节并未就党建而做党建，而是深入挖掘自身的禀赋，结合自然资源丰富、农渔基础良好、文化底蕴深厚等优势特征，以党建统领治理，以党建统领发展，通过"联动式集成"党建统领的路径实现"党建+治理+发展"的"三轮驱动"。在一定程度上，这探索出了一条解决县级管辖地域广阔、镇街数量多且复杂、村社分布零散、资源有限且分散等问题的新路子，真正发挥了"县级党委是一线指挥部"的统领作用。

本案例集是对具有奉节特色的"联动式集成"党建统领模式的集中呈现。在全国第二批学习贯彻习近平新时代中国特色社会主义思想主题教育期间，奉节县委"大兴调查研究之风"，将主题教育与加强基层党组织建设结合起来，形成了一批理论性与实践性相结合的调研案例。奉节借助复旦大学的研究力量，对"联动式集成"党建统领的典型案例进行了整理和研究。本调研案例集对奉节县的党建探索实现了全覆盖：第一轮征集调研案例74个，以各部门的探索为主；第二轮征集300个，以村社的探索为主；第三轮征集45个，是对前两轮的补充。由于出版体量限制，复旦大学研究团队与奉节县委组织部根据优中选优的原则，对全部案例进行了筛选，最终选取50个。案例集分为三编，即"联动式集成"党建统领模式的部门实践、镇街实践和城乡村社实践，每一编按照党组织自身建设、党建统领发展、党建统领治理的框架进行编排，以期全面反映奉节"联动式集成"党建统领模式的生动实践与整体进路。

在长期跟踪调研和对案例梳理研究的基础上，复旦大学研究团队认为"联动式集成"党建统领模式是探索全面提高党的领导力、组织力，深化以党的自我革命引领社会革命的县域实践，是打造新时代市域党建新高地的奉节范例。本案例集不仅呈现了奉节在扎实开展主题教育过程中以高质量党建统领高质量发展，为在现代化新重庆建设中展现奉节新作为的一线做法，具有重要的实践意义，还是研究县域党建统领发展和治理的一手学术资料，具有重要的学术价值。

复旦大学马克思主义学院党委
2024 年 1 月

目录

第一编 "联动式集成"党建统领模式的部门实践

第一章
创新党建品牌：打造新时代"红岩先锋"变革型组织 / 003

推行"三责一体"工作机制　激活党建统领"红色引擎"
　　　　　　　　　　　　　　　　　　／ 县人大常委会办公室　004

坚持党建统领　打造"四好"模范政协　／ 县政协办公室　010

探索"全周期服务"　推动人才工作驶入"快车道"
　　　　　　　　　　　　　　　　　　／ 县委组织部　017

创新打造"三平台"　以组织之变推动发展之变
　　　　　　　　　　　　　　　　　　／ 县科学技术局　022

聚焦"五型组织"　打造基层党建特色品牌
　　　　　　　　　　　　　　　　　　／ 县生态环境局　028

深入推进"一二三"工作法　激发服务群众红色动能
　　　　　　　　　　　　　　　　　　／ 县卫生健康委　036

持续打造"四强四亮　红色熔炉"党建品牌　／ 县委党校　042

深化机关党建品牌　持续打造"青春"党建　／ 团县委　048

第二章
党建统领发展：以组织建设促经济生态发展 / 055

将支部建在"田坎"上　／ 县规划和自然资源局　056

党建赋能促商贸发展 / 县商务委　062

"四抓四创"助推林业高质量发展 / 县林业局　068

"三建"引领　"三抓"赋能　形成"三心"
　　　　　　　　　　　　　　　　/ 生态工业园区　074

坚持"党建带工建"优势　推动工会工作创新发展
　　　　　　　　　　　　　　　　　/ 县总工会　078

聚焦企业"急难愁盼"　创新推行"快帮快办"
　　　　　　　　　　　　　　　/ 县民营经济促进中心　083

第三章
党建统领服务：以组织建设促公共服务提升 / 089

走进千家万户　访出群众幸福 / 县委组织部　090

坚持党建赋能　推动律师行业高质量发展 / 县司法局　096

探索建立"学、融、惠、强"机制　画好为民服务"同心圆"
　　　　　　　　　　　　　　　　/ 县市场监管局　101

构筑"三张网"　以党建带队建促审判建新功
　　　　　　　　　　　　　　　　/ 县人民法院　107

数字赋能，打通服务残疾人"最后一千米" / 县残联　112

深化"四强四提"　打造"四型"服务平台
　　　　　　　　　　　　　/ 县公共资源交易中心　117

在"学习"中提升，在"活动"中成长
　　　　　　　　　　　　　/ 重庆市巴蜀渝东中学　123

第二编
"联动式集成"党建统领模式的镇街实践

第四章
创新党建举措：打造新时代"红岩先锋"变革型组织 / 131

坚持对标纠偏、迭代升级　推动基层党组织建设全面进步
　　全面过硬 / 夔州街道　132

党建化"笔"　绘就"花海桃乡" / 汾河镇　139

"三个着力"打造"红色热土" / 红土乡　145

"青力青为"服务赋能基层高效能治理 / 青龙镇 150

"六化"探索乡村发展新路径 / 云雾土家族乡 155

"六红举措"激发组织活力 / 兴隆镇 162

第五章
党建赋能治理：以党的建设促镇街善治 / 167

推行"党建统领院坝治理" 推动乡村振兴治理有效
/ 康乐镇 168

打造"五维党建"品牌矩阵助力基层治理 / 大树镇 174

创建"三优"工作机制 探索基层治理新路径 / 青莲镇 180

以组织变革"引擎" 促乡村振兴"提速" / 鹤峰乡 185

做实"三道加法"激活党建统领网格治理新活力 / 甲高镇 191

"六会治乡"激活基层治理新动能 / 龙桥土家族乡 196

第三编 "联动式集成"党建统领模式的城乡村社实践

第六章
创新党建做法：打造新时代"红岩先锋"变革型组织 / 205

"六步工作法"打造"民呼我应"现代社区
/ 永安街道江陵社区 206

打造"三治"冒峰 构建"善治"社区
/ 夔州街道冒峰社区 212

"党建红"赋能"生态绿" 探索强村富民新路径
/ 草堂镇欧营村 218

勇当红岩先锋 争创魅力太山 / 公平镇太山村 223

探索实施"五大工作机制" 对标"五型"示范党组织
/ 朱衣镇砚瓦村 229

内联外通强组织 凝聚合力促发展 / 鹤峰乡柳池村 234

以新时代红岩精神铸就文旅融合之基 / 安坪镇三沱村 238

搭乘组织变革"特快专列" 驶入乡村振兴"快车道"
/ 永乐镇大坝村 243

第七章
党建统领自治：以党组织建设促进村居善治 / 249

创新"一三五"工作法　打造新时代"红岩先锋"变革型组织
　　　　　　　　　　　　　　　　／ 鱼复街道迎宾社区　250

兴业　兴橙　兴家／夔门街道兴家村　255

创新为民服务"四个一"　探索乡村治理新路径
　　　　　　　　　　　　　　　　／ 白帝镇坪上村　261

"三四五"工作法推动党建统领网格治理提质增效
　　　　　　　　　　　　　　　　／ 草堂镇柑子社区　266

党建统领社会治理　乡村振兴"提档升级"
　　　　　　　　　　　　　　　　／ 竹园镇竹园社区　272

党建统领创"实业"　致富田里种"金豆"／吐祥镇槽心村　277

聚焦组织建设　打造"生态良家"／太和土家族乡良家村　282

"五彩党建"筑牢"社区之治"／羊市镇渔灯社区　287

党建统领"四有九里"跑出乡村振兴"加速度"
　　　　　　　　　　　　　　　　／ 长安土家族乡九里社区　292

后记 / 297

第一编 "联动式集成"党建统领模式的部门实践

第一章 创新党建品牌：打造新时代"红岩先锋"变革型组织

推行"三责一体"工作机制
激活党建统领"红色引擎"

县人大常委会办公室

一、背景

习近平总书记强调,"不明确责任,不落实责任,不追究责任,从严治党是做不到的"。抓党建必须抓责任制,抓责任制必须抓责任人,抓责任人必须抓第一责任人,落实到党委书记身上、落实到各级党组织。这些重要论述抓住了基层党建工作的要害,为我们抓好基层党建工作责任制落实指明了方向。县人大常委会机关党组不断强化"围绕发展抓党建、抓好党建促发展"的工作理念,紧紧牵住基层党建工作责任制这个"牛鼻子",全力构建确权定责、清单明责、制度履责的"三责一体"联动体系,倾力打造新时代"红岩先锋"变革型组织。

二、做法和成效

(一)定责

发挥三项机制作用,推动基层党建工作由"浮"变"沉"。**一是推行专题会议机制,让党建工作常态化。**机关党组每季度至少召开一次专题会议,分析研究党建工作形势和动态,有针对性地对重点工作进行安排部署。2022年以来，先后召开7次党建专题会议，制定任务清单5项32条，督办解决各类党建工作问题15个。**二是推行定期述职机制，让党建工作规范化**。坚持双向述职不动摇，机关党组每年向党员干部大会作基层党建工作专项述职，机关一支部、二支部分别向各自支部党员进行专项述职，通过集中"晾""晒""评""议"，倒逼党组织担当作为、履职尽责。**三是推行综合考核机制，让党建工作严肃化**。建立党组、党总支、党支部三级基层党建工作专项考核体系，推行平时督导与年终考核相结合的"督考合一"制度，把抓基层党建工作情况作为班子成员、支委成员个人考核重要内容，并实行动态管理，通过表彰先进与鞭策后进并举，切实调动基层党组织的党建工作积极性。

召开人大常委会党组理论学习中心组暨党组（扩大）会议

（二）明责

推行三项清单制度，推动基层党建工作由"虚"变"实"。**一是制定主体责任清单，明确岗位职责任务**。牢固树立"把抓好党建作为最大的政绩"的理念，明确牵头谋划、督查指导、示范带头、教育引导、规范管理、关心关爱、夯实基础、考核考评8项主体责任，量化到岗，细化到人，有效解决基层党建"谁来抓、抓什么"的问题。**二是制定重点任务清单，明确具体落实举措**。围绕履行党建责任、开展党建活动、建立基层组织、联系服务群众、加强党员管理、严格党内生活、强化支持保障等方面内容，结合本单位重点工作逐项列出任务清单，并定期开展"回头看"，查漏补缺，确保事事有人干、件件有着落。**三是制定问题整改清单，明确整改重点难点**。从落实基层党建工作责任清单入手，坚持问题导向，切实找准症结，结合专项述职中查出的问题和党员评议反映的问题，建立问题整改清单，明确问题内容、具体表现、整改措施和完成时限，确保所有问题在规定期限内全部整改到位，切实解决基层党建工作"抓手不实"的问题。

（三）履责

强化三项推进举措，推动基层党建工作由"弱"变"强"。**一是推进督导检查活动**。机关党组每季度对党建工作推进情况开展内部检查，按"优秀、合格、基本合格、不合格"四个档次评定并形成督导报告，同步向被督查党组织进行当面反馈。2023年上半年，先后开展督导检查2次，交办问题5个，已全部整改到位。**二是推进廉政警示教育**。将党风廉政建设关口前移，机关党组每季度开展1次全覆盖廉政谈话，每半年组织1次集中警示教育，做真做细日常监督和廉政教育，切实为党员干部扣好"廉洁扣子"。**三是推进组织团队建设**。坚持和完善年轻干部"传帮带"机制，通过传思想、帮业务、带作风，促进年轻干部提能提效。2023年上半年，2名机关党员干部在全市人大系统内斩获奖项，15名党员干部积极参与县内各项赛事，并取得较好成绩；开展党员"政治生日"活动4次，组织党员干部"一对一"交心谈心85人次，通过支部"搭台"、党员"唱戏"，使机关的凝聚力、战斗力明显增强。

开展党建工作督导检查活动

组织宪法宣誓

常态化开展"青年大讲堂"活动

三、启示

健全和落实基层党建工作责任制是坚持"党要管党、从严治党"的有效措施。通过探索和实践，我们从中得到了一些启示。

（一）抓好基层党建必须强化抓党建意识

县人大常委会机关党组把党建工作列入党组织书记工作考核、述职评议的重要内容，有效传导党建工作压力，倒逼推动基层党建工作责任的落实。实践证明，只有紧紧牵住责任这个"牛鼻子"，牢固树立党组织书记"抓好党建是本职、不抓党建是失职、抓不好党建是不称职"的责任意识，才能把从严治党的要求真正落实到位。

（二）抓好基层党建必须进一步明确职责

县人大常委会机关党组分领域量化党建责任清单，条目式明确机关党总支、机关一支部、机关二支部抓党建的职责内容，将基层党建责任的要求落实到每条战线、每个领域、每个环节，真正建立起书记领航、条块协同、支部互动的良好党建格局。实践证明，只有明确责任,才能让人人身上有担子、有任务、有压力,有效防止出现工作缺位、错位、越位现象。

（三）抓好基层党建必须下功夫落实责任

县人大常委会机关党组实行年初定目标承诺、季度抓跟踪问效、岁末严考核评价,守好"主阵地"、种好"责任田"、管好"分担区"。实践证明,只有基层党建责任落实横向到边、纵向到底、坚决有力,才能从根本上解决基层党建工作难落实、质量难保证、责任难认定等问题。

（四）抓好基层党建必须动真格追究责任

有责不考,责必虚置;有责不问,责必落空。县人大常委会机关党组将基层党建成效作为干部考评硬杠杠,在落实基层党建责任中提拔重用干部,对不担当、不作为、不适宜做基层党建工作的党员干部,进行约谈提醒,直至进行组织调整。实践证明,落实责任不仅要靠内在自觉,更要靠外力制约,只有动真考责、碰硬问责,才能推动基层党建工作持续健康发展,确保基层党建工作取得实效。

坚持党建统领　打造"四好"模范政协

县政协办公室

一、背景

为深入学习贯彻党的二十大精神，大力弘扬伟大建党精神和红岩精神，县政协坚持以党的建设为统领，内强素质、外树形象，以提升履职能力为抓手，集成政协委员主体作用、专门委员会基础作用、政协机关服务保障作用，奋力打造学习好、履职好、实绩好、形象好的"四好"模范政协，扎实推进"红岩先锋"变革型组织创建走深走实。

二、做法和成效

（一）理论武装"学习好"

聚焦打造学习型组织，用习近平新时代中国特色社会主义思想武装头脑，指导实践，推动工作。**一是党组集中研学**。坚持把习近平新时代中国特色社会主义思想作为政协党组理论学习中心组、两级党组会议集中学习的重点内容，对习近平总书记重要讲话、指示批示精神，市委、市政协及县委重要会议精神，第一时间组织传达学习，以专门委员会、界别活动组、政协机关干部为单元，组建若干学习小组，发挥党支部、党小组及党员委员先锋示范作用。2023年上半年举办党组理论学习中心组集体学习10次、集中学习研讨会5期、委员专题学习20余场,"学习研讨会为干部赋能助力"等典型做法被人民网、光明日报专题报道。**二是委员个人自学**。发挥政协两级党组的引领作用,以各界别活动组联络员为骨干,以政协党员委员为主体,依托界别活动组建立完善12个学习小组,通过"学习强国"平台、委员联络群、微信公众号等平台,第一时间推送习近平总书记重要讲话精神,市委、县委有关重要会议精神等,把学习送到掌上指尖。深化日学一小时、月读一本书、季写一篇文、年度一竞赛"四个一"活动,让每名政协干部和委员触手可学、学有所得。**三是群众就近可学**。政协领导带头、机关干部跟进、政协委员参与,鼓励262名政协委员在其工作单位、居住社区就近就地为界别群众送学,发挥105名党员委员先锋模范作用,引领他们走进田间地头、村落院坝,用群众喜闻乐见、通俗易懂的语言,把习近平新时代中国特色社会主义思想及习近平总书记最新重要讲话精神送到最远一户、最偏一家,夯实团结奋斗的共同思想政治基础。

召开县政协机关集中学习研讨会

（二）完善机制"履职好"

创新履职管理机制，坚持高标准、追求高质量，以完善的机制促进政协履职全面增效。**一是履职清单化**。推行年度协商计划任务、委室季度任务、议定交办任务、界别活动任务"四张清单"管理，实现任务项目化、项目清单化，定期收集各项任务落实情况，按季度在主席会议上通报，完成情况纳入委室季度"赛马"和个人综合考评。2023年上半年，年度协商计划任务32项、委室季度任务66项、议定交办任务12项、界别活动任务25项纳入清单，按期完成率超过95%。**二是服务规范化**。持续牢固树立服务意识，激发服务热情，增强服务本领，出台规范化办文办会质量内控办法，办文、办会、办事等工作效能提升明显，3名干部被表彰为全县大型"节会"先进个人；编印500本《政协委员应知100问》，以问答的形式，对政协基本知识等内容进行系统梳理，政协委员、政协干部人手一册，增强委员履职能力。**三是创新品牌化**。坚持以改革创新思维，搭建委室创新履职新平台，出台年度创新课题管理办法，设立机关年度创新工作奖，每名政协领导、每个委室每年分别牵头实施1至2件有创新、有改变的项目，四个"双百行动"、重点提案回访、委员劝退机制等10余项年度创新课题特色鲜明、卓有成效，每年评选"最具执行力团队"和"最具创新力课题"，连续两年承接市政协重点课题并实现高质量结题。

（三）奋勇争先"实绩好"

坚持为民服务导向，弘扬"务实、高效、优质"的作风和"实干争先、勇争一流"的精神，全力营造创先争优的良好氛围。**一是服务中心有为**。围绕党政所需、群众所盼，组建融入成渝地区双城经济圈建设、"四好"模范政协建设等工作专班4个，实行定期调度、专班负责，牵头推动2项重点改革任务，围绕生态保护、债务管控、产业就

"百名委员访百企"专项行动视察活动

业等实施重点调研 14 项,扎实推进重点协商、重点通报、重点视察等系列履职活动。**二是建言资政有效**。围绕推动高质量发展、创造高品质生活、促进高效能治理,紧扣具有全局性、前瞻性、关键性的问题,深入开展调查研究,反映社情民意信息。完善城区井盖设施、加强乡村医生队伍建设等上报的建言,被县委、县政府领导批示 20 次;进一步加快我国中西部农村地区快递物流业发展的建议等 3 期社情民意信息被市政协采用并报全国政协。**三是基层协商有方**。建设 6 个基层协商议事平台,扎实推进"渝事好商量·奉事多协商"品牌建设,创新推出"百名委员巡百河""百名委员进百村""百名委员访百企""百名委员入百户"的四个"双百行动",开展集体履职活动 8 场次,参与委员 384 人次,提出意见建议 85 条,为基层、企业和群众办实事 118 件。四个"双百行动"入围《人民政协报》五大热度创新话题,被《重庆新闻联播》等 10 余家媒体专题报道,成为热搜、形成品牌、持续唱响。**四是凝聚共识有力**。坚持政协"搭台"、委员"唱戏",与县

居民为朝阳社区"渝事好商量·奉事多协商"协商平台赠送锦旗

文联共同打造集学习、议事、活动等功能于一体的委员活动阵地，推荐政协委员担任特邀监察员，参与政风行风监督，走进阳光检察、阳光审判，观摩重点项目等，组织委员参与调研、视察活动，以及参加大会发言、联组发言、会议发言150余人次，更好地知情明政、知责明责，广泛汇聚人心、凝聚力量。

（四）内外兼修"形象好"

以党建强政治、促履职、提质效、树形象，着力打造具有奉节政协辨识度和影响力的工作品牌，全面展示为国履职、为民尽责的好形象。**一是党建统领强基**。全面落实新时代党的建设总要求，扎实推进党建"两个全覆盖"，出台加强新时代人民政协党的建设工作的10条措施，首次在专委会设立6个功能型党支部，形成"三重联系"的全覆盖工作体系，充分发挥党员委员模范作用和先进典型带动效应，政协机关成为全县首批模范机关标兵单位。**二是制度建设固本**。加强机关纪律作风建设，坚持补短板、强弱项，修订完善机关管理制度25项，加强会务、车辆、食堂、财务等各方面工作管理，制定政协党组会议规则、主席会议规则、秘书长会议规则等规则6项，完善主题党日、"三会一课"等制度，形成按制度管人、按规矩办事的长效机制。**三是"赛马"比拼增效。**制定"双赛道比拼·五色图展示"量化积分管理办法，优化委员履职管理考核办法，开设3条单项、2条综合"赛马跑道"，坚持量化积分、季度通报、年终"赛马"，在全国政协系统首次应用"五色图"公开委员履职结果，表彰27名优秀委员、9名先进个人，约谈3名不合格委员，形成比学赶超的生动局面。

三、启示

（一）坚持党的领导是根本原则

只有把加强党对政协工作的全面领导作为最高政治原则，始终保持坚如磐石的政治定力，始终与中央、市委和县委同心同向、同心同行，才能充分发挥"红岩先锋"变革型组织的优势作用，确保政协事业始终沿着正确方向前进。

（二）服务中心大局是基本遵循

只有坚持政协性质定位，始终围绕中心、服务大局，充分发挥政协智力密集、人才荟萃的优势，通过高质量的调研，才能提出实际可行的意见建议，为地方经济社会发展提供有效支持。

（三）加强队伍建设是重要保障

优秀的团队对打造"红岩先锋"变革型组织非常关键。要加强干部队伍建设，通过培训、学习交流等方式，提高政协干部的能力素质，使其能够更好地履行职责，培养造就一支忠诚干净担当的干部队伍。

（四）创新机制体制是内在要求

打造"红岩先锋"变革型组织时需要积极探索创新。县政协不断创新机制体制，坚持以"履职能力提升年"为主线，擦亮"渝事好商量·奉事多协商"品牌，深化四个"双百行动"，常态化开展"三服务"工作，打造"四好"模范政协，努力以高水平履职更好地服务全县高质量发展。

（五）强化宣传引导是现实需要

打造"红岩先锋"变革型组织要注重加强宣传引导，通过各种形式宣传工作中的典型案例和工作成效。只有得到更多人的认同和支持，提高组织的影响力和整体形象，才能在全社会营造良好的干事创业氛围。

探索"全周期服务"
推动人才工作驶入"快车道"

县委组织部

一、背景

奉节地处渝东北三峡库区城镇群，是成渝地区双城经济圈向东开放门户，正处于重大机遇期、优势叠加期和追赶跨越期，尤其需要联动各方人才、集聚人才力量、集成人才优势，以更大力度、更实举措实现更大改变、取得更好效果。人才服务是强化人才幸福感、获得感、认同感的有力抓手，是提升区域吸引力、人才凝聚力的"软性"配置。奉节通过人才"全周期服务"这一前置抓手，充分发挥党组织战斗堡垒和党员先锋模范两个作用，第一时间、第一角度贴近人才和企业，把服务贯穿于人才干事创业的"全周期"，让人才轻装上阵干事创业。

二、做法和成效

（一）聚焦为谁服务，建立"一库蓄能"

归集全覆盖全县 392 个村社、总量达 69.9 万人的人力资源信息库并动态更新，先后引进脐橙、油橄榄等人才团队 7 个，引进硕博研究生 194 人，公开招录 591 人，全县人才总量突破 16 万人，同比增长 5.5%。举办 2023 年首届"奉节英才大会"，通过"柔性引才""乡情大会"等方式，柔性引进专家、教授42人。"夔智库"入库奉节籍在外高层次人才71人，回引217名企业家、285名企业管理人员、734名技术骨干返乡创业。设立人才服务热线，面向用人单位和各行业人才全方位收集诉求、全时段答疑解惑、全过程随访跟进，建立全县急需紧缺专业人才需求目录，实现目标导向与需求导向的直接对接。

首届奉节英才大会开幕式

（二）聚焦如何服务，树立"一链思维"

坚持党管人才原则，成立县委人才工作领导小组，建立成员单位联络员工作机制，实现服务与人才需求零距离对接。制定出台《奉节县"夔州英才"实施办法》《"夔州英才集聚"工程》《支持青年人才创新创业若干措施》等系列人才文件，形成"1+N"人才政策体系，在薪酬待遇、科研经费、生活服务等方面发放政策红包。搭建一站式人才服务平台，成立县人才发展中心和大学生服务中心，联合驻外招商组建立粤港澳、京津冀、长三角和中部城市群4个引才工作站。与重庆人才大市场集团公司签订合作协议组建人才服务公司，与四川省广安市、峨眉山市、成都市等地签订人才合作框架协议，实现人才联合共育、资源流动共享。

打造科技创新、就业创业、区域协作三个平台，培育壮大科技型创新企业492家，搭建众创空间、专家大院、星创天地等平台48个。建成县人力资源产业园，建成9个返乡入乡创业园、115个扶贫车间，位居全市第一。不断深化校地共建平台建设，与复旦大学、重庆交通职业学院、信息技术学院等合作办学，推动技能人才培养合作。奉节作为重庆市唯一区县入选全国47个首批创新型县。

复旦大学托管帮扶奉节中学签约仪式现场

（三）聚焦优化服务，推进"一事联办"

推行"一帮到底"机制，积极打造创业创新一站式平台，做强生态工业园区，壮大返乡入乡创业园，成立大数据产业园，开辟人才创业创新试验田。建立"驻厂秘书"定点联系服务机制，为入园企业、人才提供工商代注册、税务代理记账、免费法律援助等一站式服务。

在行政服务中心特设窗口提供一站式服务

打造"奉公办·更快节"政务服务品牌，特设人才专办窗口，全面推进人才事项一次登录、一表填报、信息共享、并联审批，依申请办理的六类行政权力事项和公共服务办理类事项"一次办"占99.78%，"全程网办"率达85.23%。通过整合社会资源、承接市场服务、实体运营管理、构建系统网络，推动人才服务标准化、一体化、全面化。优化夔州英才卡管理服务办法，解决人才住房保障、医疗社保、子女入学等实际问题。2023年上半年发布的青年人才发展指数中，奉节县人才服务质量排名渝东北第一。

（四）聚焦保障服务，完善"一体推进"

完善党委联系服务制度，将招商引资与招才引智同安排、同推进，切实做到重点事项"领导领办"、综合事项"部门联办"、一般事项"单位直办"。完善专项经费保障制度，及时兑现人才激励经费，全力推进人才工程和项目实施。加强政银企对接，创新设立农业产业发展贷、园区产业发展贷，为人才项目提供资金支持。完善人才项目共育制度，立足纳米材料、大数据、眼镜等主导产业，以人才项目引进，保障项目稳步推进与人才快速成长互促共赢，形成人才、项目和产业集聚效应。完善人才机制，推动形成县委统一领导、组织部门牵头抓总、职能部门具体推动、用人单位发挥主体作用、社会力量广泛参与的人才工作格局。集聚人才项目，先后引进百度、京东等22家知名企业入驻。2022年，全县新增签约项目301个，合同投资额327.9亿元，同比增长15.2%，招商引资综合排名位列渝东北三峡库区城镇群第一。

三、启示

（一）坚持需求导向是做好人才服务工作的重要前提

只有坚持需求导向、问题导向，号准人才之脉，才能真正解决人才之需。只有近距离倾听人才"急难愁盼"，瞄准人才面临的痛点、难点和堵点，才能将其转化为人才服务的重点、焦点和发力点。这样的服务，才能够走进人才的心里。

（二）办好关键小事是做好人才服务工作的重要抓手

关键小事对于人才个体而言，是他们在工作生活中的关键障碍、突出困难，牵一发而动全身。关键小事解决得好不好，直接关系到人才创新创业的成败，关系到人才的去留，直接影响人才环境建设，影响当地的人才竞争力。

（三）健全运行机制是做好人才服务工作的根本保证

人才服务不仅仅是组织人社部门的工作，也需要我们树立"大人才"观，由组织部门牵头抓总、职能部门具体推动、用人单位发挥主体作用、社会力量广泛参与，才能有效构建"全周期人才服务"工作格局，才能健全完善区域人才服务的生态系统。

创新打造"三平台"
以组织之变推动发展之变

县科学技术局

一、背景

党的力量来自组织，党的全面领导、党的全部工作要靠党的坚强组织体系去实现。县科学技术局党组始终坚持以习近平新时代中国特色社会主义思想为指引，聚焦打造新时代"红岩先锋"变革型组织，以"服务中心，建设队伍"为核心，创新搭建先锋学习、先锋服务、先锋绩效三大联动平台，以组织之变推动发展之变，不断把党建成效转化为科技创新发展优势。国家创新型县建设进一步深化，创新氛围日益浓厚，创新能力持续增强，荣获第十届"重庆科普讲解大赛优秀组织奖"，获批2022年度创建模范机关标兵单位，大数据产业发展实现从无到有、从有到兴。

二、做法和成效

（一）强化思想阵地建设，搭建先锋学习平台

一是坚持领导干部"带头学"。 严格落实"第一议题"制度，通过党组会、党组理论学习中心组学习等方式深入学习习近平新时代中国特色社会主义思想和习近平总书记关于科技创新和大数据应用方面

的重要论述等,并结合工作实际,围绕学习内容开展交流研讨,同时积极开展实地调研,将学习成果转化为推动全县科技创新和大数据应用发展管理工作的新思路、新举措。2023年上半年开展集中学习10余次。**二是坚持党员同志"示范学"。**全面梳理"三会一课"、组织生活会、民主评议党员、主题党日和领导干部双重组织生活等制度要求,制定党员教育培训清单,推动党内政治生活制度化、经常化、规范化,持续推动党的创新理论武装,增强党员党性和能力素质、激发党员创造性张力。2023年上半年,开展"深化廉政教育 筑牢思想底线"等主题党日活动9次,组织讲党课4次。**三是坚持干部职工"全体学"。**为全局职工搭建学习交流平台,开设"周五学习课堂",积极组织干部职工开展理论学习,切实提升干部职工综合素质。2023年上半年,已开展15场次。同时定期向干部职工推送学习资料,引导干部职工利用学习强国App、重庆干部网络学院等平台,通过个人自学的方式深入学习党的创新理论和政策知识,不断提高理论水平和专业素养。

搭建先锋学习平台:每周开设"周五学习课堂"

（二）抓好活动阵地建设，搭建先锋服务平台

党员活动室是党支部开展学习、工作、议事及其他活动的前沿阵地。按照"注重创新、突出特色、严格标准、保证质量"的要求，完善党员活动室建设，统筹建立党群活动阵地，实现党员活动室、妇女之家、工会之家等活动阵地的共建共享，切实增强党员归属感、党组织凝聚力和战斗力。与结对联创社区建立创文工作联动机制，与结对帮扶单位开展"结对帮扶送温暖"等主题党日活动，加强与县委统战部、工会、妇联、团委等互联互动，拓展活动阵地，构建党建共建工作格局。1名同志获"奉节县妇女工作先进个人"荣誉称号。

搭建先锋服务平台：与结对帮扶单位开展"结对帮扶送温暖"活动

围绕工作中热点难点问题，充分发挥党员先锋模范作用，组建专班入企开展科技创新服务，对县域创新主体进行知识价值信用贷款、研发费用加计扣除等惠企政策宣传解读，了解企业发展情况及面临的

搭建先锋服务平台：先锋岗党员入企开展科技创新服务活动

难题困难，建立线上联络机制，畅通政企交流"直通车"，持续激发企业科技创新活力，高新技术企业和科技型企业"双倍增"行动计划成效显著。

（三）抓好岗位阵地建设，搭建先锋创绩平台

为了发挥先进典型榜样力量，安排业务水平高的党员同志对干部职工进行"传帮带"，耐心细致地进行业务培训，帮助干部职工成长。深化党员先锋岗创建，将先锋岗与工作岗位、工作职责充分结合，实现"关键岗位有党员、处理问题有党员、加班加点有党员"，推进党员先锋岗切实发挥作用，将科技创新工作落到实处。同时严格落实"月考核、季审定、年备案"，实现党员立足岗位，争先创优，积极发挥党员先锋模范作用。

通过创新搭建先锋学习、先锋服务、先锋绩效三大联动平台，对党建工作实行清单化管理，全面梳理工作内容、制定工作措施、明确

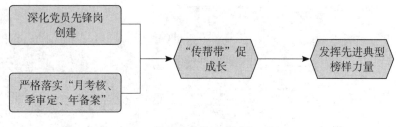

搭建先锋创绩平台

责任人和完成时限，充分调动各类创新要素，激发各方主动性、创造性，取得了一定成效。

一是理论学习氛围更加浓厚。通过领导干部"带头学"、党员同志"示范学"、干部职工"全体学"，利用党组理论学习中心组学习、支部集中学习讨论、"微党课"讲授、党章党规答题测试、"周五学习课堂"等形式，让干部职工弄清楚"为什么学""学什么""怎么学"的问题，学习时间、内容、效果得到保证，学习热情进一步提升，"被动接受教育"变"主动学习"的氛围逐渐形成。**二是党员先锋意识明显增强。**通过先进典型榜样引领、党员先锋岗创建等方法有效激发党员干事创业热情，使党员在创新主体培育、科技成果转化、科学普及、大数据应用、招商引资等工作中充分发挥先锋模范作用，掀起带动全体职工一起"练硬功"的热潮，推动机关效能全面提升。**三是党支部建设更加规范化。**结合党员教育管理、"三会一课"、民主评议党员、组织生活等制度得到进一步规范和落实，党建活动内容充实，党建围绕中心、服务发展、强化监督、示范引领的作用得到进一步发挥，党支部标准化建设水平进一步提升。

三、启示

（一）搭建党建平台要与中心工作相结合

围绕中心、服务大局，是党支部的基本职能。面对改革发展的新常态、新形势、新挑战，要找准党建工作的着力点和结合点，实现党建工作与中心工作的深度融合，从而让先锋旗帜始终在科技服务大局上高高飘扬。

（二）搭建党建平台要与发挥作用相结合

要以"党员先锋岗"为载体，引导广大党员在本职岗位上主动亮出身份、做出承诺、攻坚克难、树好形象，使党员的先锋模范作用发挥得更加充分，日益成为党的活动的实践主体、党的形象的塑造主体和推动科技创新的骨干力量。

（三）搭建党建平台要与抓好落实相结合

党支部要通过抓阵地、抓活动、抓载体、抓骨干、抓队伍，实现党建品牌创建全覆盖，特别是建立和坚持基层党组织建设不定期调研、宣传引导等制度，让党建工作更具生机和活力，搭建平台推动党建工作取得实效。

聚焦"五型组织"
打造基层党建特色品牌

县生态环境局

一、背景

打造新时代"红岩先锋"变革型组织，是重庆对标落实党的二十大战略部署，紧扣社会主义现代化新重庆建设目标，结合重庆党建特色和优势，加强各级党组织建设，实现干部能力整体跃升出台的重大举措，具有重要的现实意义。2023年上半年，县生态环境局坚持以加强党的全面领导、全面加强党的建设、全面从严治党为主线，以"五个聚焦"为抓手，以"联动式集成"党建统领模式打造新时代"红岩先锋"变革型组织，推动形成党组织总揽全局、协调各方，上下贯通、执行有力的工作体系。

二、做法和成效

（一）聚焦认知变革，打造学习型组织

开展学习型机关创建活动，坚持"第一议题"制度专题学、理论学习中心组引领学、支部组织生活常态学、青年理论学习小组深化学、"渝快政"线上每天学，不断增强"理论武装"的思想引航力。开办"机关大讲堂""众智课堂"，由各科室牵头，采取"干部带头、人人登台""执法大练兵"等形式开展专题授课,实现业务资源整合、信息共享,进一步提高日常监管能力、执法水平。建立"导师制"促进"传帮带",领导干部、业务骨干悉心指导新进干部开展实训、特训、专训,帮助青年干部快速适应岗位、熟悉业务、提升素质。

常态化开展"机关大讲堂"

红岩精神宣传栏

（二）聚焦思维变革，打造开放型组织

充分运用"他山之石"，先后赴北京生态环境部环境规划院 EOD 创新中心、规财司以及峨眉山市、无锡市等地考察学习 EOD 项目策划、融资、实施等全过程先进经验，经过全局努力，可融资 29 亿元且不计入地方债务的 EOD 项目，6 月成功入库。共谋发展区域合作，联合巫山、巫溪申报"奉巫巫气候投融资试点"，7 月通过市级专家审查，纳入市级气候投融资试点，将引导和促进更多绿色金融资源进入奉节，加速形成金融支持碳达峰、碳中和的良好氛围。调研走实，惠民有感，迭代升级"一个协作机制"，局班子带头联系 4—5 个乡镇（街道），针对"属地落实生态环境保护责任情况、肉兔产业发展情况、农村面源污染防治"等方面开展调研，收集掌握其辖区生态环境工作所存在的痛点、难点、堵点，推动工作落实。

到峨眉山市考察学习 EOD 项目先进经验

渝东北六区县环境执法暨应急处置合作协议签订仪式

（三）聚焦创新变革，打造创新型组织

创成市级生态文明示范乡镇，积极打造生态文明建设样本，冯坪乡、鹤峰乡、竹园镇等6个申创生态文明示范乡镇已经编制形成创建规划。建立舆情快速响应机制，围绕持续改善环境质量、营造浓厚宣传氛围、积极回应群众关切等措施，印发《全面提升社会公众生态环境满意度的工作方案》，实行"1+7+33"舆情联动处置模式，完善"三定"清单，推动信访办理质量提升。创新建立覆盖我县梅溪河全流域乡镇（街道）的横向生态保护补偿机制，设立流域生态保护补偿专项资金，每年补偿资金50万元，专项用于乡镇（街道）流域生态保护补偿和考核断面水质监测，确保梅溪河流域水环境质量稳定达到考核和水域功能目标。

梅溪河全流域生态保护补偿机制研讨会

党建联建共建协议签订暨党员先锋队授旗仪式

（四）聚焦服务变革，打造服务型组织

全心全意服务群众，将"社会公众生态环境满意度"纳入"生态文明建设行动"考核，成立专班，每双月底在各辖区随机抽取30名群众开展调查，以考核推动满意度提升，增强"一心为民"的群众凝聚力。尽心尽力服务基层，坚持关口前移，推进红岩党员先锋队"五进"活动，定期深入农村、社区、校区、园区等一线征集群众意见建议，做到有问必答、有疑必释，架起干群"连心桥"，增强部门公信力。全力以赴服务企业，环评审批实行"全程网办""一站式审批""不见面审批"，为企业提供"保姆式"服务，对市县重大建设、招商引资等项目实行"超前介入、主动对接、全程跟踪"。深化"放管服"改革，压缩环评审批时限，减少审批时间278个工作日，承诺时限压缩至法定时限的14.98%。

主要领导带队走访企业

红岩先锋队宣讲进企业

（五）聚焦管理变革，打造效能型组织

实施党员"先锋指数"管理机制，激励42名党员发挥先锋模范作用，带头参与乡村振兴重点工作、帮促企业发展、创建文明城市等工作，季度评定2名"红岩先锋"党员之星，树立榜样模范。实施创优"赛马"比拼机制，设置3个赛道，按照"非税收入、改革、三项重点工作"开展"赛马"，建立凡优必奖的激励机制，发放"赛马比拼优秀科室"流动红旗，营造比学赶超浓厚氛围。健全党建统领"三项重点任务"运行机制，把党建统领"三项重点任务"作为"一把手"工程，牢固树立"党建统领、整体智治"的方法理念，形成党组定期研究、书记常态部署、班子集体推进、专班高效落实的闭环运行模式，协同高效完成各项重点任务。

三、启示

（一）强化党建统领铸品牌

要深学笃行习近平总书记重要指示精神，全面贯彻党的二十大精神，深刻领会2023年全国生态环境保护大会会议精神，牢固树立"抓党建就是抓全局、抓党建就是抓环境"的理念，坚定不移走好生产发展、生活富裕、生态良好的"三生共赢"发展道路。实施党员"红岩先锋"指数积分管理，以党员教育为重点，以改善环境质量为抓手，发挥党员先锋模范作用，使党员自觉扛起生态文明建设政治责任，自觉做习近平生态文明思想的坚定信仰者、积极传播者、忠实实践者。

（二）钻研环保业务强品牌

坚持党建工作和生态环境保护工作同谋划、同部署、同落实、同检查，聚焦"九治"，唱响"大抓落实、狠抓落实"主旋律，持续改善生态环境质量，全力提升人民群众生态满意度。突出生态惠民、生态利民、生态为民，以更实的便企惠民举措、更好的减负帮扶成效，助力经济高质量发展。坚持党建统领"生态报表""生态环保督察问题清单"，抓好用实"一表一单"，树立"看不到自身问题就是最大问题"的意识，着力打造新时代"红岩先锋"变革型组织，加快打造生态环境保护铁军，为打造人与自然和谐共生的美丽奉节提供坚强保障。

（三）深化唯实争先促品牌

不断深化对生态文明建设规律的认识和把握，以"起步就是冲刺、开局就是决战"的奋进姿态抓好各项基础性工作，抓实改革求变重点工作，围绕"美丽奉节"积极探索和思考，在放大低碳绿色发展区域优势上、完善基础环保设施上、生态价值转化上求突破、见实效，不断形成"赛马比拼、唯实争先"的干事创业氛围。

深入推进"一二三"工作法
激发服务群众红色动能

县卫生健康委

一、背景

打造新时代"红岩先锋"变革型组织，是推进新时代党的建设新的伟大工程的变革性实践，是推动党建统领卫生健康事业高质量发展的重要法宝。县卫生健康委以"联动式集成"党建统领模式，通过"进出""内外"两条工作路径上的联动，实现"亮"身份、"强"能力、"聚"党力三个工作目标的集成，切实将党建优势和资源优势转化为医疗服务优势，有效提升医疗服务质量和水平。

二、做法和成效

（一）总级统筹，分级协调，着力实现红岩"亮"身份

根据医疗行业特色制定医生党员、护士党员、服务窗口党员、行政后勤党员四类党员身份"亮"化标准。第一时间启动"红岩先锋"变革型组织创建活动，成立"总分"两级工作领导小组，即试点单位主要负责人任成员的"总级"工作领导小组，负责统领全局，相关科室任成员的"分级"工作领导小组，负责工作落实。县人民医院设置医保农合办支部、病理科支部等5个"红岩先锋责任区"，形成重症医

人民医院重症医学科支部"红岩先锋"示范岗

学科支部、耳鼻咽喉头颈外科支部等5个"红岩先锋示范岗",通过以带思想、带技能、带作风、带效益为主要内容的"一带一"活动,分阶段推进特色专科建设(卒中中心、一体化肾病管理)、医疗集团建设,开展专家门诊、专题培训、志愿送药服务等实践活动,实现党建与业务深度融合。

(二)进院解难,出院纾困,着力实现服务"强"能力

坚持以服务群众为目标,打造"进""出"工作路径。提高"进院"就医群众满意度,以解决医患矛盾为重点。朱衣镇中心卫生院创建"红岩先锋"接待岗,院领导在大厅亲自接待、轮流值守,接待群众投诉9起,实现医患沟通"一次直达"。以便民利民为重点,县人民医院打造"红岩先锋"一站式服务中心,将医疗服务化繁为简,整合集中到门诊大厅实现靠前办公,现场解决医保业务、病历复印、出生一件事办理等27类业务,推行"一件事一次办",累计服务群众5 387

人次，极大地提升患者就医体验。提高"出院"医疗服务效率保障力，以提升家医巡访服务为重点。朱衣镇中心卫生院建立18个"红岩先锋"家医团队，推行"五零工作法"，实现工作覆盖"零盲区"、健康教育"零死角"、随访服务"零距离"、个性服务"零推诿"、沟通咨询"零障碍"，实现签约26 830人，巡访46 368人次。以促进医疗卫生服务同质化为重点，县人民医院开展"千县工程·红岩先锋健康基层行"

◀朱衣镇中心卫生院"红岩先锋"接待岗

▼县人民医院"红岩先锋"一站式服务中心

朱衣镇中心卫生院"红岩先锋"家医团队

县人民医院开展"千县工程·红岩先锋健康基层行"活动

活动,组织在职35个党支部以"多对一"和"一对多"的形式与全县33个乡镇卫生院(社区卫生服务中心)党组织覆盖式结对,通过支部共建、健康义诊等方式,进一步加强了医共体建设,并已分赴康乐、冯坪、新民等15个乡镇卫生院开展活动,累计组织学术讲座及健康宣教50余次,服务群众3 000余人。

（三）内部重塑，外部改革，着力实现知行"聚"合力

坚持以精简高效为原则，打造"内""外"工作路径。推进内部流程再造，县人民医院建立"梳理问题—整改落实—建立制度"工作闭环监管机制，推动党员参与所在党支部、党支部参与所在科室重大决策制度的落实，增设院长办公会、党委会上会议题要求，倒逼制度落实。设置支部工作在线填报小程序，每月定期监管各支部主题党日等工作开展情况，根据汇总报表每季度实施督查，并将督查结果在医院党建文化长廊滚动播出，利用分析决策系统，进一步提升医院现代化管理能力和管理水平。推进外部数智改革，朱衣镇中心卫生院启用健康信息系统平台、搭建双向转诊服务平台、开通远程会诊平台，依托新媒体工具，以村社为单位，建立居民"微信"互动平台，安排专职医护人员24小时在线服务，将触角延伸到社区每一个服务对象，助力"五零工作法"更好发挥作用。县人民医院投入使用智慧医保自助查询系统，实现线上个人信息查询、业务办理、异地就医备案等7大模块查询、33项子业务办理，让群众"全天24小时"享受便捷、高效、优质的医保服务。

三、启示

（一）以服务群众为宗旨，瞄准变革方向

要坚持人民至上、生命至上的原则，不断提高守护群众生命安全、身体健康的能力，将进一步总结试点单位创建经验，以新时代"红岩先锋"变革型组织为载体，按照系统"护航生命党员先行"党建品牌建设实施方案，开展"三学三做三赛"实践活动，着力实现"强卫健力量、护患者健康、守群众平安"品牌价值。

（二）以保供保畅为基础，保证变革动力

物质基础为打造新时代"红岩先锋"变革型组织提供充足动力。

因基层医疗卫生机构存在不同程度的基础问题，人才引不进、留不住，降本增效、引才育才成为重要工作。要进一步开源节流，严格控制成本，同时积极引进新技术、新项目，落实抗疫一线医务人员不受岗位限制职称评聘，持续推进县人民医院人员编制备案制试点。

（三）以知行合一为手段，巩固变革成果

持续开展读书分享会，将"做悦读党员、建书香支部"活动作为建设学习型党组织的重要内容，营造全员阅读氛围。持续深化"红岩先锋"党员责任区、"红岩先锋"示范岗、"红岩先锋"一站式服务中心、"红岩先锋"家医团队等特色活动，巩固创建成果，进一步激发工作活力。

持续打造"四强四亮 红色熔炉"党建品牌

县委党校

一、背景

2023年3月，习近平总书记在中央党校建校90周年庆祝大会暨2023年春季学期开学典礼上发表重要讲话，提出了各级党校"为党育才 为党献策"的初心和使命，强调"坚守党校初心，就必须始终自觉服务好党和国家工作大局"，"必须在培养造就堪当民族复兴重任的执政骨干队伍上积极作为"，"必须努力当好党的思想理论建设的生力军"，"必须始终坚持从严治校、质量立校"。奉节县委党校坚持"党校姓党"根本原则，全面贯彻落实习近平总书记关于党校办学治校系列重要指示精神，充分发挥党建统领和示范带动作用，以打造新时代"红岩先锋"变革型组织为抓手，将机关党建工作与学校教学、科研、办学等活动深度融合，同频共振，充分发挥党校干部教育培训"红色引领"作用，奋力打造"四强四亮 红色熔炉"党建品牌，持续唱响党建统领联动集成发展之路。

二、做法和成效

（一）强化党性教育，点亮红色课堂

聚焦党校主责主业，强化党性教育，精心打造主旋律、正能量、

"高营养"的红色课堂,让学员筑牢信仰之基、补足精神之钙、把稳思想之舵。**一是打造教师精品党课**。紧紧围绕学习贯彻习近平新时代中国特色社会主义思想和党的二十大精神,推出"中国式现代化"等党的创新理论的必修课;巩固拓展党史学习教育成果,推出"信仰的力量"等"四史"教育的基础课;聚焦重大部署,打造"用习近平生态文明思想引领乡村振兴"等乡村振兴发展的实践课。**二是创新学员红色微课**。创新学员班组活动方式,在主体班学员上课前30分钟开展学员微课堂,分享学习心得,讲身边故事、身边榜样。2023年上半年,举办学员微课堂100余次,红色讲坛10期。**三是走心剖析党性专课**。主体班学员在培训期间,结合所学、所思、所悟,坚持问题导向,重点围绕理想信念、初心使命、作风建设和履职担当等方面存在的问题进行党性分析,分组交流发言,互提意见、互促进步。

中青年干部培训班学员分组研讨交流

（二）强化宣传宣讲，照亮红色队伍

坚持围绕大局、紧跟大势、聚焦大事，通过宣讲主体、方式、平台等方面联动，开展多层次、全方位、有实效的宣传教育，当好党的创新理论的积极宣讲者。**一是组建理论宣讲团**。选拔20余名党校教师、优秀党员，发挥老干部余热作用，成立教师红色宣讲队伍，发动95名学员组建专业宣讲队伍，用好镇村先进宣讲队伍，重点围绕学习贯彻习近平新时代中国特色社会主义思想、党的二十大精神等内容，深入部门乡镇、社区院坝开展50余场次宣传宣讲，覆盖5 000余人。**二是编印宣讲资料**。组织教研人员围绕学习党的二十大精神和中央部署、市委要求，以及县委最新工作安排整理宣讲资料，根据不同受众需求配置个性化"菜单"10余个，满足基层党员和群众学习需求，把理论宣讲延伸到"最后一千米"。**三是打造红色讲堂**。依托新时代文明实践中心、乡镇党校等平台，以彭咏梧烈士陵园、川东红色游击小镇等一批红色场馆为基地，扩展宣讲阵地矩阵，采取现场教学、院坝会、主题党日等形式，增强理论宣讲吸引力和感染力。把宣讲搬到田间地头，不限地点随处学。

（三）强化理论研究，扮亮红色智库

坚持深入调研、科学论证，确保课题有深度、有见地、出精品、进决策，不断提升资政建言能力，当好县委县政府的思想库、智囊团。**一是健全制度体系**。修订完善科研奖励办法，更加注重文章质量，激发教师的积极性和创造性，4名教师的论文分别获三峡生态经济合作区一等奖和重庆市党校系统三等奖。**二是加大调研力度**。制定党校调查研究方案，明确调研任务，将乡村振兴帮扶联系点——石岗乡四方村设为调研基地，定期到乡镇开展调研，每年年底形成调研成果文集。**三是挖潜学员资源**。在主体班培训中强化调研文章的考评，入学时及时安排撰写调研报告的任务，围绕营商环境、产业发展、乡村振兴等重点工作，提出

市委党校市级机关处长进修班（第83期）赴奉节县实岗锻炼启动仪式

《聚焦"四大任务"，提出"四项重点"，推进乡村全面振兴》等34篇有预见性、科学合理的意见建议，服务县域经济发展。

（四）强化基地建设，筑亮红色阵地

挖掘原有现场教学基地内涵，不断拓展其外延，不断打造干部教育培训现场教学基地，使现场教学成为党员教育的"第二课堂"和"红色阵地"。**一是挖掘本土文化资源**。挖掘红色资源，组织主体班学员开展6期红色教育主题活动，现场聆听彭咏梧、江姐等革命先烈故事，学习奉大巫支队的斗争事迹，感知三峡移民精神，将历史与现实相贯通、理论与实践相结合，让党员在学思践悟中筑牢思想根基。**二是持续唱响基地品牌**。不断提升生态人文融合发展和政德教育现场教学基地的影响力和吸引力。市委党校市级机关处长进修班（第83期）、西藏自治区察雅县党政干部培训班、达州市委党校中青班等18个班次1000余人次，到奉节开展实践研修和现场教学，使现场教学成为党员教育的"第

举办"缅怀革命先烈·重温入党誓词"主题党日活动

二课堂"和"红色阵地"。**三是延伸党性教育课堂。**与乡镇合力打造安坪镇三沱示范村创建、兴隆镇回龙村基层党建和基层治理、青龙镇大窝社区基层党建统领产业发展、平安乡脱贫攻坚与乡村振兴有效衔接等5处"党建"主题现场教学点,组织主体班、专题班累计开展20余次互动式、体验式现场教学,推动学习成效转化为实际行动。

三、启示

（一）要强化理论武装,当好"排头兵"

打铁还需自身硬,党性教育是党校教学的主要内容,同时也是党校干部职工首学的主课。县委党校严格落实"第一议题"制度,持续深化"三会一课",深入学习党的二十大报告、党章、《习近平新时代中国特色社会主义思想专题摘编》等内容,扎实开展学习贯彻习近平新时代中国特色社会主义思想主题教育,提升干部职工的党性修养和理论水平。

（二）要发挥特色优势，打造"金招牌"

习近平总书记在中央党校建校 90 周年庆祝大会的讲话中指出，必须"找准党校工作与党的中心任务的结合点、切入点、着力点，紧扣党之所需、发挥自身优势"。县委党校结合奉节实际，进一步丰富红色阵地内涵，精心打造夔州古城、诗·橙产业、三峡之巅等现场教学路线，研发具有奉节特色的高水准政德教育专题课程，进一步唱响"生态人文融合发展实践教学基地"现场教学品牌。

（三）要提升红色队伍，锻造"大熔炉"

党校是党的意识形态工作的重要前沿阵地，是领导干部锤炼党性的"大熔炉"，提高办学质量，强化师资力量十分重要。县委党校通过进一步完善"红岩先锋岗"激励考评机制，管好用好教师红色宣讲队伍、学员专业宣讲队伍、镇村先进宣讲队伍三支队伍，深化与重庆市委党校等院校合作，借助重庆红岩干部学院、小平干部学院、泸州市委党校优秀师资，提升教育效果。

深化机关党建品牌
持续打造"青春"党建

团县委

一、背景

为贯彻落实县域共青团基层组织改革试点工作,团县委对标对表新形势下党的建设总体要求,紧紧围绕县委县政府中心大局,抢抓改革契机、找准工作切口、创新工作模式,以打造"青春党建"品牌为抓手,大胆探索实践机关党建和服务青年工作融合发展新手段,奋力开创党建统领共青团工作新格局。

二、做法和成效

(一)以党建凝聚人心,让思想引领更具"青年味"

坚持党建统领,强化机关思想政治建设,落实"第一议题"制度,实现主题党日活动、"三会一课"等党组织生活常态化,确保共青团工作始终保持正确政治方向。深入学习宣传贯彻党的二十大精神,组织青年宣讲团进村(社区)、企业、学校等宣讲党的二十大精神20余场次。深化"青年大学习",平均每期参学近3万人,参学率同比增长32.5%。聚焦实践育人,开展"清明祭英烈 争做好少年"、学雷锋等主题团(队)日活动450余场次,覆盖青少年超3万人次,将广大青

"清明祭英烈　争做好少年"主题团日活动

少年浓厚爱国热情转化为坚定跟党走的信心和决心。

（二）以党建集成服务，让桥梁纽带更具"青年心"

深入实施"心·希望工程""冬日阳光·温暖你我""青囊"青少年关爱基金等项目，慰问困难青少年533人，争取贫困大学生助学金19万元，把党的温暖充分传递给青年。探索开发"青年+婚恋+旅游"新业态模式，打造"婚恋驿站"，积极倡导婚恋新风，筹办"追爱专列"全市青年交友联谊活动，把青年的急难愁盼放在心上。完善"12355"青少年服务站功能，开展法治宣传进校园12场，开设"奉节青听"心理辅导专栏回应青年倾诉426人，以实际行动守护青少年健康成长。

（三）以党建强基固本，让制度体系更具"青年愿"

落实"785"工作要求，强化"每周一小结、每月一总结、双月

联合巫山、巫溪举办"青橙之恋·爱在三峡"活动

三峡集团定点帮扶科普教育基地

一提醒"总结机制，制定《团属"五好"活动管理办法》，强化"五色图"结果运用，推动团务工作新提升。坚持从严选拔、从严管理团干部，深入推进"青春倡廉"行动，线上线下推进团干部培训全覆盖，促进团干部新发展。切实加强团员队伍先进性建设，落实全面从严治团要求，2023 年计划发展团员 2 309 名，增添队伍新动能。深耕"青橙"团属品牌，新建教育实践基地 17 个、网上青年社群 13 个、青年之家 31 个，焕发基层团组织新活力。

（四）以党建激发斗志，让服务中心更具"青年力"

回引返乡创业青年 9 名，争取创业贷款 270 万元，为创新创业添活力、经济发展强动力。牵线百所高校学院共青团助力奉节乡村发展，推进"百校助百村"行动，引导和帮助广大青年学生在夔州大地绽放绚丽之花。擦亮"河小青""洁小青"等 6 个志愿服务品牌，组织 1 300 余名志愿者服务黄桃花节、马拉松赛、全市中学生运动会等大型

河小青志愿服务品牌

赛事活动，开展环境卫生、春运服务、文明礼仪等志愿服务活动 120 余场次，推动文明城市创建走深走实。

三、启示

站在新的起点，共青团组织必须紧紧围绕增强吸引力和凝聚力、扩大工作有效覆盖面两个重点，主动适应形势以转型发展，助推改革发展，因此在改革主旋律中团组织主动作为，深化转型发展，是顺应时代潮流创新工作方式与模式，主动作为、服务大局的做法。

（一）要强化变革意识

要解放思想、拓宽视野，注重发挥各自优势，突破自我管理、自我服务的传统观念，增强融入经济发展、参与社会管理的大局意识，在组织青年、引导青年、服务青年中形成整体合力。坚持向外借力的工作理念，针对青少年，有效整合人力、政策、项目等资源，充分发挥集聚放大效应，认真做好关爱服务、真情帮扶工作，着力解决青少年的实际困难和问题，让青少年共享改革发展成果。

（二）要注重联动集成

坚持统一领导、统一谋划、统一部署，整合资源、整合载体、整合力量不断创新共青团工作模式，坚持发挥共青团特色和协调互补有机结合，做实"青"字号品牌。要以各类青年组织为依托，以社会各界协作互助为基础，以建立阵地、网络、法规和队伍为基本内容，形成功能手段完备和富有成效的社会化互动集成体系。要打破传统划分模式，把工作重心向基层村（社区）转移，构建以属地化为特色的组织网络，组织青年开展活动。在方式方法上要突出社会化动员，做到组织化动员和社会化动员相结合，让不同层级的团组织直接面向社会、面向广大青年，注重运用和吸引各类社会资源参与团的工作和活动。

在管理模式上要做到上下联动、左右协同、内外结合，努力提高共青团工作科学化水平。

（三）要把准自身定位

深化团组织改革转型发展的核心目的是更好地整合资源、服务青年，因此，团组织在转型发展时，要结合共青团组织青年、引导青年、服务青年、维护青少年合法权益四个基本职能，适应时代变化，按照党的发展和党的要求与时俱进，适应经济社会文化不断发展的趋势。在工作上要立足青年、面向社会，向社会型转变，成为联系青年，服务青年的重要枢纽型社会组织。团县委将抓实抓细机关党建工作，持续焕发出机关党建的生机活力，为创建新时代"红岩先锋"变革型组织注入青春动能，切实当好党的忠诚助手和后备军。

第二章 党建统领发展：以组织建设促经济生态发展

将支部建在"田坎"上

县规划和自然资源局

一、背景

县规划和自然资源局坚持以党建为统领，以创建"五型组织"为总体目标，以将支部建在"田坎"上为支点，紧紧围绕抓党建工作和业务工作融合发展这个关键，全面推行"一线工作法"，将党建和业务同规划、同部署、同推进，围绕耕地保护、乡村规划、地质灾害防治、不动产登记等规划自然资源领域重点工作，主动靠前服务，深入开展"课堂搬到'田坎'上""专家请到'田坎'上""支部建在'田坎'上""服务送到'田坎'上""岗哨设在'田坎'上"五项行动，交出自然资源规划高分报表。

二、做法和成效

（一）将课堂搬到"田坎"上

聚焦学习方式变革，着力打造学习型组织。创新开展课堂搬到"田坎"上行动，建立"田间微课堂"，开展"田间微宣讲"。组织243名"红岩先锋"小队队员深入392个联系村社，沉下心、扑下身，围绕党的二十大精神、习近平新时代中国特色社会主义思想和习近平总书记关于规划自然资源工作系列重要讲话精神，以及耕地保护、产业

"田间课堂"进行政策宣讲

规划、用地报批、地灾防治等规划政策知识,结合当地实际,精选学习主题,组织当地群众一起学习。走到田间地头建立"田间微课堂",开展"田间微宣讲"78场次,受益群众达1 200余人,实现党群同学、同悟、同进步,党群更近、更亲、更密切。

(二)将专家请到"田坎"上

聚焦业务指导方式变革,着力打造开放型组织。以深化调查研究推动解决自然资源规划领域问题和群众、企业难题。组织产业规划、地灾防治、耕地保护等自然资源规划领域专家、能手,到基层一线、生产一线,开展"专家田间行"活动96场次,现场收集解决乡镇、群众反映的违法占地、规划用地许可、不动产历史遗留办证等问题91个,采取现场答疑和线上答疑的方式解决问题80个,对不能当场解决的问题,第一时间反馈相应科室研判化解。

(三)将支部建在"田坎"上

聚焦建强组织堡垒,着力打造创新型组织。坚持党建统领,建立

规划师深入田间地头

党组齐抓共管、小组携手共进、党员带头示范的"红岩先锋"变革型组织工作格局。成立奉节县规划和自然资源局"红岩先锋"大队,大队下设8个"红岩先锋"中队、1个"红岩先锋"监督中队,中队下设33个小队,由局党组主要负责人任大队长,各领导班子成员任中队

红岩党员先锋队

长,优秀党员任小队长,其他党员为队员。243名干部职工全覆盖到392个村社,聚焦自然资源规划主责主业点对点开展工作,层层夯实责任,促进工作落实落细。

(四)将服务送到"田坎"上

聚焦"数字赋能+服务方式变革",着力打造服务型组织。**一是聚焦主责主业,全面推行"一线工作法"**。干部职工主动靠前服务,全覆盖深入基层一线开展工作,已开展"一线解难题,上门送服务"活动68场次,送"证"上门12场次1 500余个,规划师下乡10次,切实为乡镇和群众解决其最关切的问题。**二是深化科技赋能,全面推行"智能化办公"**。深入推进大数据智能化建设,创新耕地保护专码"奉耕码",实现耕地范围"码上查"、企业用地"码上看"、违法占用耕地"码上管"。群众扫描二维码即可查询永久基本农田、一般耕地、生态保护红线,企业运用该码可帮助项目选址,执法人员可通过该码加强耕地监管。"奉耕码"累计使用7万次,规划自然资源工作智能化、效能化进一步提升。

工作人员向群众宣传"奉耕码"

（五）将岗哨设在"田坎"上

聚焦保护监督机制变革，着力打造效能型组织。创新设置耕地保护"岗哨"、地灾防治"岗哨"、生态巡查"岗哨"，243 名"红岩先锋"小队队员担任"岗哨员"，全覆盖到 392 个联系村社开展耕地保护情况巡查，地灾隐患排查，违法建设、非法采矿等违法行为巡查等工作。各小队长统一上报相关情况，局耕保修复科、地防中心、综合执法支队及时研判化解，形成工作闭环。自开展新时代"红岩先锋"变革型组织创建工作以来，通过地灾防治"岗哨"，提前预警处置地质灾害 21 起，临时紧急撤离 133 户 339 人次，其中竹园镇应急避险案例获市政府领导肯定性批示。

生态巡查"岗哨"

三、启示

随着信息时代的发展，部分职工下基层的次数较少，群众观念淡薄，深入基层为民服务宗旨意识有所弱化，存在工作不扎实、不接地气的情况。将支部建在"田坎"上，是打造新时代"红岩先锋"变革型组织的有力抓手。紧紧抓住党建工作和业务工作融合发展这个关键，聚焦自然资源规划领域重点工作，推动工作落实在一线，问题化解在一线，政策普惠到一线。干部深入基层，为群众、企业真正解难题，办实事，第一时间响应群众需求，第一现场解决群众困难，不断缩短党群、干群距离，使工作深入、服务到位、群众满意。

党建赋能促商贸发展

县商务委

一、背景

奉节县商务委始终把党建作为引领发展的第一推动力和保障力，全面贯彻落实党的二十大精神，认真贯彻落实新时代党的建设总要求和新时代党的组织路线，以"一统六化"为路径，奋力打造学习型、开放型、创新型、服务型、效能型组织，充分发挥商贸协会、民营企业等主体作用，挖掘多元主体消费潜力，以务实的工作举措推动商务经济实现高质量发展。

二、做法和成效

（一）以党建带队伍，锻造商务系统"主力军"

始终把提升党员领导干部能力素质作为抓好党支部工作的重中之重。充分利用党组理论学习中心组、"三会一课"、集中学习等契机，通过领导干部带头学、坚持制度集中学、主题党日普遍学、线上线下互助学、特色活动实践学"五学联动"方式，深入开展"大学习、大讨论、大宣传、大实践"活动。开设"领导干部大讲堂"，由分管领导和业务干部围绕各自分管领域和业务工作，实施岗位实战练兵，着力培育一支懂经济、知商务、促发展的商务领域行家里手。充分利用主题党日等组织生活契机，到香山社区、彭咏梧烈士陵园等开展教育活动，引导党员干部传承红色基因，赓续红色血脉。通过"党员亮身份践承诺"行动，强化党员身份意识、责任意识，持续打造政治素质高、团结协作强、作风形象亮、群众口碑好的商务队伍。

（二）以党建促创新，按下促进消费"快进键"

以"党建领航·商务先锋"党建品牌为引领，充分发挥党组织战斗堡垒作用和党员先锋模范作用，立足全县商务经济发展阶段性特征，围绕"党建兴企、政策惠企、服务暖企、先锋助企"四项行动，重点对 2023 年在库的限上商贸单位以及新增入库商贸单位进行奖补激励，提高统计人员数据报送的积极性及确保数据的真实性，力求全面真实反映我县批零住餐行业的发展状况，拉动各行业全面回暖复苏。**一是联动促销常态化**。聚焦培育建设区域消费中心城市目标，以"爱尚奉节"为主题制定《奉节县 2023 年"爱尚奉节"系列消费促进活动实施方案》，筹划大型消费促进活动 15 场，实现"周周有活动、月月有消费"，目前已完成促销活动 10 余场，带动县域消费 3 000 万元，进一步释放了消费需求，提振了消费信心。**二是会展经济全域化**。积极发挥市级（县级）部门、商会（协会）作用，围绕眼镜、茶叶、加工食品、文化旅游等特色产业，策划企业参展计划 14 个，推动企业、部门"走出去、开眼界、长见识"。成功举办中国（重庆）蚕桑丝绸产业高质量发展大会、成渝双城蚕桑丝绸消费节暨奉节好味美食节，组织 150 余家企业精选 380 余种特色产品先后参加消费品"三品"战略峰会、西洽会、茶博会、西旅会等 9 个展会，通过宣传手册、LED 电子屏、产品实物等进行现场宣传推介，带动销售 2 000 余万元。**三是消费帮扶品牌化**。与滨州市商务局签订 2023 年东西部消费协作协议，脐橙、腊肉、眼镜、中药材等"奉上好品"进驻滨州市场。成功举办 2023 年"橙香连鲁渝　消费助振兴"奉节柑橘进山东专场推介活动，20 家柑橘骨干企业参加现场专场推介，现场签约销售 7 500 吨，销售

海成商圈

金额 5 000 万元。成功协办"区域协作消费帮扶奉节农产品产销对接沙坪坝专场暨第二届 e 乡 e 味消费文化节"活动，现场销售奉节农产品 545 万元，签订帮扶采购协议金额 670 余万元，奉节脐橙产供销合作协议金额 1.8 亿元。2023 年上半年，鲁渝协作消费帮扶销往山东 6 250 万元，销往其他省市 2 110 万元，三峡集团采购奉节县消费帮扶物资合计 577.37 万元。

（三）以党建优服务，提升服务外贸"软实力"

按照"围绕项目抓党建，抓好党建促项目"的思路，以"我为群众办实事"实践活动为契机，党员干部主动靠前站位，深入全县外贸企业走访调研，通过培育外贸企业、跟踪外贸订单、为企业排忧解难、落实好外贸奖补政策等措施将党的主张、党的作风、党组织的力量融入工作全过程。**一是健全组织架构**。组建对外开放暨融入西部陆海新通道建设工作专班，加挂县口岸物流服务中心牌子，新增事业单位人

奉节脐橙远销海外

员 1 名，优化调整科室人员，进一步完善组织架构。**二是培育外贸主体**。依托生态工业园、返乡创业园等载体，培育一批产供销、内外贸一体化企业，建成渝东北最大的出口包装厂——中国三峡柑橘（奉节脐橙）交易中心，脐橙果园出口备案达 1 930 亩，加工厂出口备案 3 家，外贸企业出口企业 70 家。**三是拓展国际市场**。抢抓 RCEP 区域开放机遇，积极融入"西部陆海新通道"。与市级部门、行业企业协调联动 8 次，为企业提供贸易配对、报关退税等全链条服务 10 余次，开展"奉上好品"专场宣传推介和专场贸易洽谈 10 余次，助力企业增加外贸订单 20 余个；成功举办奉节脐橙空运出口首航仪式、奉节脐橙经西部陆海新通道出口首发仪式，探索建立脐橙出口"一对一"保障和"快进快出"新模式，推动奉节脐橙"借船出海""空运出口"常态化。

（四）以党建增活力，树立数字电商"新标杆"

大力实施"党建＋电子商务"工程，将乡村振兴与电商发展有机融合，有序推进国家电子商务进农村综合示范项目建设，为电商行业高质量发展注入"红色动能"。**一是推动电商产业集聚**。全速推进京东

京东（奉节）数字经济产业园开园仪式

（奉节）数字经济产业园建设，已入驻企业23家，就业人员110人，推动本地电商企业上京东平台15家，开设自营2家，园区企业产值达4 000万元；全力打造京东奉节人才服务中心，已招聘人员93人。**二是推动电商主体孵化**。积极支持本土企业转型升级、发展壮大，累计培育孵化电商市场主体3 430家，成功举办6·18电商产业高质量发展论坛。**三是推动电商模式创新**。依托京东（奉节）数字经济产业园区直播基地开展抖音直播带货、快手直播带货活动60余场，销售奉节脐橙、奉节腊肉等农特产品达3 000万元。研究制定乡镇农产品电商销售方案，指导各乡镇建立区域电商产业发展工作联席会议制度，做到定向发力、定点施策。

三、启示

县商务委党组以党的政治建设为统领，坚持服务中心大局，改进工作作风，持续做好服务业发展计划，提升发展驱动力，推进党建工作和商务工作深度融合，充分发挥党员队伍先锋模范作用，以"党徽亮起来、身份亮出来、党员干起来、业绩拼出来"为抓手，打造特色党建品牌，"红色"商务队伍干事创业氛围愈发浓厚。

（一）抓党建，强培育，着力提升思想建设

着眼于强化政治功能，扛牢"管业务管党建"政治责任，深入学习贯彻习近平新时代中国特色社会主义思想，在全县商贸系统掀起学习党的二十大精神热潮。贯彻执行县委关于商务经济发展的决策部署，加强对商务行业党员的教育管理，以党建工作新成效凝聚全行业的信心斗志，汇聚成推动商务工作高质量发展的磅礴力量。

（二）抓党建，优服务，激发商圈发展动能

扎实推进"三进市场主体"活动，争做便民惠民先锋。全力深挖"小升限""个转企"潜力，重点摸排、实地走访民营企业，有效推进升限入统工作。

（三）抓党建，促发展，助推消费稳步回升

坚持党建统领，加强业务指导，立足单位职能职责，发动党员积极围绕中心工作，参与策划多项活动促进消费，推动了奉节消费经济的稳定增长。

"四抓四创"助推林业高质量发展

县林业局

一、背景

党的二十大报告指出,"坚定不移全面从严治党,深入推进新时代党的建设新的伟大工程"。为深入学习贯彻党的二十大精神,大力弘扬伟大建党精神和红岩精神,保持党员队伍先进性和纯洁性,进一步加强和改进党员队伍教育管理工作,充分发挥党员先锋模范作用,激励党员更好服务基层、服务企业、服务群众,奉节县林业局坚持以习近平新时代中国特色社会主义思想为指导,全面落实新时代党的建设总要求,围绕学习型、开放型、创新型、服务型、效能型"五型组织"创建要求,着力发挥基层党组织战斗堡垒作用和党员先锋模范作用,对照新时代好干部"五条标准",从理论学习、服务意识、务实意识、作风建设入手,着力创建"四个先锋",助推全县林业高质量发展。

二、做法和成效

(一)抓理论武装,做进取学习先锋

把学习贯彻习近平新时代中国特色社会主义思想和党的二十大精神作为当前首要政治任务来抓,狠抓学习型党组织建设。**一是领导班子带头学**。将"推进学习型机关建设"纳入2023年领导班子一岗双责,在

组织职工到教育基地学习

《2023年度党组理论学习中心组学习计划》中明确领导班子要以身作则当好表率。**二是形式多样创新学**。"两学一做"学习教育常态化、制度化，从严落实"三会一课"、主题党日等制度，丰富学习载体。线上通过学习强国App、干部网络学院、"渝快政"学习群等平台开展自学；线下通过组织观看红色影片、业务知识培训、现场教学等丰富组织生活。**三是结合工作实践学**。将林业行政执法、森林防火、森林病虫防治、林业产业发展等业务工作和党的理论学习相融合，以理论指导业务实践，认真研究工作中的难点问题，做到补短板、强弱项。

2023年，局领导班子讲党课6次、开展专题讲座或集中学习11次，组织召开党组会议12次、职工会议18次，开展主题党日活动6次、中心组理论学习12次。干部职工围绕学习内容研究贯彻实施意见，推动党的方针政策全面落实在林业工作上，全局党员干部撰写心得体会48篇，提出建议90条。

（二）抓服务意识，做为民服务先锋

习近平总书记强调，党员干部要"心中有民"，做"群众的贴心

涉林审批工作人员为群众答疑解惑

人"。**一是履职尽责，把好林业审批关**。对于农村居民自建房审批、民生重点工程涉林审批依规条件下快办，确保不延办、误办。**二是关心群众诉求，及时处理涉林信访**。针对一般涉林信访问题，安排专人办理。对于重点涉林信访，局党组多次召开专题会议研究，实地调查询问，确保问题能够解决。**三是主动出击，上门服务**。对企业，建立干部精准联系帮促市场主体台账，每个职工划定包片企业，上门入户开展技术指导和帮忙解决困难。对帮扶群众，安排驻村工作队，每个职工安排帮扶对象，每月入户走访慰问，及时解决群众难题。

2023年，县林业局完成奉节县移民安置区南北安全通道、奉节县赤甲山交通等重点民生工程涉林审批11个，收缴植被恢复费377.19万元。完成县级审批"四好农村路"14个，审批面积39.05公顷；完成农村居民自建房审批109个。及时处理回复非法占用林地、野猪破坏农作物、退耕还林补助款等群众关心信访问题48件次。入户走访企业300余家，帮忙解决企业群众困难70余个。

（三）抓务实意识，做勤政实干先锋

踏上新征程，建功新时代。2023年是贯彻落实党的二十大精神开局之年，林业局作为生态文明建设的重要职能部门责任重大。**一是成立组织**。结合工作职能职责，成立机关保障、资源保护、行政执法、产业发展、林业改革5个党小组，各小组成员充分发挥党员模范作用，在森林防火宣传、森林病虫防治、林业技术指导等工作中展示积极务实的林业人形象。**二是制定方案**。制定印发《干部执行力作风建设深化年实施方案》，坚决纠治"空喊""躺平"式干部，建立问题台账，由分管责任人进行谈话提醒，对于整改不到位的通报批评。**三是严格考核**。建立执行考核机制，设立工作推进公示栏，在全局营造比学赶超良好氛围，各业务科室公开"晾晒"进展情况及工作成效，实行全周期跟踪督办、销号管理。

2023年，实施完成渝东北岭谷区生态保护修复、"两岸青山·千里林带"建设、三峡库区腹心地带中央财政国土绿化试点示范、国家储备林建设以及退耕还林质量提升16.24万亩。办理林业行政案件7起，收缴罚款492万余元。在重点时段利用手机短信平台，推送森林防火警示短信50万条，树挂宣传牌1.2万张，设置大型户外墙体防火宣传标语86幅，召开院坝会252场，联合蓝天救援队开展森林防火业务培训，培训乡镇领导、林业业务骨干、村级林长等共600余人。完成油橄榄培育9 000亩，新建蚕桑基地1个，举办中国（重庆）蚕桑丝绸产业高质量发展大会，油橄榄、中药材、蚕桑等林业产业规模达41.2万亩。

（四）抓作风建设，做清正廉洁先锋

始终坚持从严治党、从严带队伍。**一是建立健全内部管理制度**。严格落实"三重一大"制度，把制度建设贯穿管人、管事、管权全过程，强化制度执行监督，推动工作运行规范化、制度化。**二是推进廉洁机关建设**。把《中国共产党廉洁自律准则》《中国共产党纪律处分条例》等党内法规作为规范干部职工言行的硬约束，修改完善《中共奉节县林业局党组工作规则》《中共奉节县林业局党组党风

林业专家开展技术指导

廉政建设主体责任清单》等，层层开展承诺公示，形成全覆盖、立体式责任监管体系。**三是加强廉政文化建设和警示教育。**常态化开展作风督查，局领导班子带头，每月不定人员、不定时间、不定地点、不打招呼对全局职工作风开展专项检查，对作风问题突出的开展谈话和通报，并纳入职工年度考核。2023年，在机关办公区制定悬挂廉政标语16幅，创办专栏3期，组织干部职工观看警示教育片2场，累计开展出勤作风督查22次，廉政谈话和约谈60人次，有效提高党员干部自我约束能力。

三、启示

（一）坚持党对一切工作的领导

党的领导是全面的、系统的、整体的，加强党的建设应是我们的

警示教育专题会

重要任务和重要抓手,必须充分认识党建工作的重要意义和重大作用,确保在政治立场、政治方向、政治原则、政治道路上同党中央保持高度一致。

(二)必须立足实际创新工作思路方法

党建工作应该顺应时代发展,继承创新,不能故步自封。信息时代来临,党建工作应该推陈出新,实行数字化变革,实现党建和业务工作融合发展。

(三)党员队伍发展是党的建设重点任务

新的国际形势,需要综合素质更强的干部,应加大党员干部培养力度,综合采用多种培训方式提升干部能力,建设一支适应新时代发展要求的高素质干部人才队伍。

"三建"引领 "三抓"赋能
形成"三心"

生态工业园区

一、背景

生态工业园区深入贯彻落实新时代党的建设工作总要求，紧盯园区企业集群化、多元化等特征，着力实现组织体系、服务阵地、交流平台等联动集成，全力推动生态工业党建试点提质增效，为实现园区高质量发展提供有力的组织保障。截至2023年9月，园区签约项目334家，总投资196.77亿元，其中镜架、镜片、辅料等眼镜项目132个，调味料、脐橙加工等农产品加工项目27个；投产企业84家，其中眼镜企业47家、农产品加工企业9家，实现产值17.68亿元。

二、做法和成效

（一）建台账、抓班子，让企业主群体安心

一是排查建档明底数。全面摸排园区企业党员职工基本情况，建立非公企业党支部党员台账，共摸排企业78家，非公党员32名，非公党支部11个，按照"一企一档、一人一卷"要求，形成非公党员、非公支部组织信息库，全面精准掌握园区非公企业党员底数，夯实园区党建信息网。**二是组织建设明班子。**建立园区"非公企业党总支+

车间普法活动

支部＋企业党员"的运行机制，构建"党员带职工"服务模式，组建由管委会班子成员为非公企业党支部书记、企业服务中心主任为副书记的党建工作专班，成立"眼镜制造、食品及农产品加工"非公党建工作组，具体抓好园区非公企业党建工作，以党建助推主导产业发展。**三是学习宣讲强队伍。**严格落实"第一议题"制度，新设立党的二十大精神宣讲点5处，领导干部以上率下带头进园区企业宣讲7次，企业自发组织技能培训，协调县级部门进企业车间讲政策、讲技术30余次。创新方式，以万大眼镜、汀来食品等企业为试点，打造"车间一刻钟"学习品牌，组织党员及职工开展集体学习。

（二）建体系、抓机制，让诉求主渠道顺心

一是组织覆盖强根基。构建"党建统领、秘书联企"服务模式，由园区管委会4名班子成员任网格长，配备专职/兼职网格员（园区职工、企业老板、企业党员和志愿者）共计40余人，覆盖园区74家投产企业，覆盖近3 000名党员群众；建立管委会干部职工驻厂定点联系服务机制，通过"走访企业、指导党建、监测运行、排查隐患、

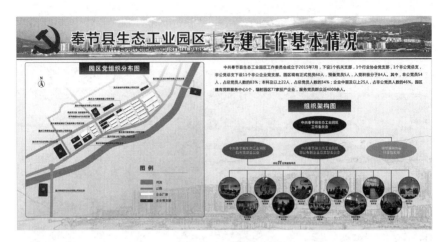

生态工业园区党建工作情况

帮办代办、解决需求"形成网格闭环。**二是载体建设强整合**。开展"党建联建·助企强链"专项行动，成立党建联盟，串联上中下游企业，助推企业发展。依托产业关联性和党的组织优势，学习浙江、广东等东部沿海发达地区先进党建经验，开展非公组织"跨市联建"活动，推出"党建+招商引资""党建+企业合作""党建+供应链服务"等多方面深层次合作。**三是模范激励强服务**。进一步发挥党员先锋模范作用，组建志愿服务工作队、基干民兵光学仪器维修排、流动宣传队等5支队伍，评选年度文明家庭、优秀共青团员。驻厂秘书走访收集企业诉求130余条，"企业吹号、园区报到"初具成效。

（三）建平台、抓功能，让红色主旋律贴心

一是建好"一点一阵地"。打造"1+3+X"党建服务阵地，规划建设党群活动中心，统筹人大、政协，以及宣传、工、青、妇、科等部门职能，形成多点支撑全面覆盖的"10分钟党建服务圈"；打造"智慧园区"管理服务平台，创新增加"党建"板块，围绕"八张报表""八张问题清单"，构建形成全局"一屏掌控"、执行"一贯到底"、服务"一网通办"、监督"一览无余"的数字化协同工作场景。二是丰富"一月一主题"。持续开展"我为企业办实事"活动，组建"红岩先锋服务队"，每家企业派驻党建指导员，党建指导员每月为园区 78 家投产企业办 1 件实事。统筹公安、税务、市场监管、人力社保、工会、妇联等行业资源，开展"夏送清凉冬送温暖"志愿服务活动、"促群众就业·助企业用工"新闻发布活动、安全教育、劳动权益保障等专场 8 次。**三是抓实"一企一考评"**。指导 11 家企业打造"党建工作绩效量化考评体系"，推进党建标准化建设"星级评估、动态管理"，实现评价标准数字化、运行管理信息化、使用结果价值化。

三、启示

（一）要突出服务这个主线

园区党建的方方面面，必须以企业需求为目标，以解决问题为导向，以企业发展为目的，了解企业需求、解决企业难题，帮助企业减负担、增活力，为企业打造更好的生产创业环境，让企业在园区落地生根、开花结果。

（二）要突出创新这个动能

党建工作要与时俱进，创新思维就不能缺席。生态工业园区围绕打造忠诚坚定、依法尽责、清廉为民、唯实争先、整体智治、协同高效的学习型、开放型、创新型、服务型、效能型组织，对党建工作体系重塑、流程再造、能力重塑。

（三）要突出实效这个根本

要以时时放心不下的责任感、积极担当作为的精气神，注重雷厉风行，更注重久久为功，既要有马上就办、起而行之的态度，也要有善作善成、久久为功的韧劲，才能把党建优势转化为服务企业高质量发展、推动园区高质量发展的制胜优势。

坚持"党建带工建"优势推动工会工作创新发展

县总工会

一、背景

2022年来，县总工会坚持以习近平新时代中国特色社会主义思想为指引，深入学习贯彻党的二十大精神，认真贯彻落实市委六届二次、三次全会精神，坚持"党建带工建"优势，着力深化工会改革建设，建立上下联动、多跨协同机制，真抓实干、唯实争先，有效发挥各单位工会作用，形成工会工作合力，推动全县工会各项工作创新发展。

二、做法和成效

（一）坚持思想引领，筑牢信仰之基

一是宣讲展播形式多样。成立党的二十大精神劳模宣讲团，组织劳模"三进"宣讲15场次，全面深入学习宣传贯彻党的二十大精神；将宣传服务工作与主题党日活动充分结合，机关支部连线村（社区）开展主题党日活动6次；开设"先进模范人物事迹展播"专栏，选取30名劳模工匠代表发布先进事迹，线上线下同步展示10余次。**二是宣传活动组织有效。**组织劳模、先进工作者、机关支部党员参观彭咏梧烈士陵园2场次；开展"劳动光荣·建功奉节"网络知识竞赛，覆盖职工1万

为环卫工人发放高温慰问品

余人次；联合举办全县性职工文体活动 5 场次，组织职工参与全市性文体赛事 10 场次并斩获优异成绩，线上健身运动参与职工达到 11 180 人。**三是先进典型选树有力。**累计评选表彰奉节五一劳动奖 32 人，荣获重庆市劳动模范和先进工作者 6 人、重庆五一劳动奖 21 人，荣获全国先进工作者 1 人、全国五一劳动奖章 3 人、全国工人先锋号 2 个。

（二）坚持固本强基，夯实组织堡垒

一是强化干部队伍建设。指导基层工会完成换届和届中调整工作，印发社会化工作者管理考评细则，召开推进会 1 次，最大限度发挥 31 名基层社会化工作者作用。**二是拓展非公企业和社会组织建设。**新建基层工会组织 13 个、发展工会会员 873 人，新发展农民工会员 10 880 人、新就业形态劳动者会员 3 198 人。**三是加快"会、站、家"一体化建设。**扎实开展职工之家（小家）创建和模范职工之家"结对共建"活动，创建县级先进职工之家 13 家、职工小家 5 家、市级模范职工之家 3 家、职工小家 1 家，全国模范职工之家 1 家、职工小家 1 家；创建全国爱心托管班1家、市级爱心妈咪小屋4家；加紧建设3个户外劳动者站点和2个"劳动者港湾"示范点，荣获市级"爱心妈咪小屋"功能拓展升级单位1家，申报市级"爱心妈咪小屋"单位2家。

（三）坚持本责本业，促进劳动和谐

一是健全推进民主管理。以规范完善职代会、厂务公开、民主协商为抓手，推进企事业单位民主管理工作，全县国有及国有控股企业和事业单位全部建立职代会、厂务公开制度，建制率100%；建立职工董事、监事制度企业17家；已建工会非公企业工资集体协商建制率达95%。**二是有力实施助企行动**。结合"民营企业大走访"，开展"公开解难题　民主促发展"主题活动，帮助企业排忧解惑释疑，采取调整薪酬、轮岗轮休、缩短工时等方式稳定工作岗位，签订集体合同、工资专项合同，通过职代会等妥善处理劳动关系。**三是积极宣传和谐劳动**。会同县人社局、县工商联、县经济信息委等单位，联合开展和谐劳动关系企业创建活动，创建市AAA和谐劳动关系企业8家，全国AAA和谐劳动关系示范单位1家。**四是持续开展劳动调解**。联合县司法局成立奉节县工会劳动争议纠纷人民调解委员会，聘用工会业务骨干3名和律师2名作为调解员，进行劳动争议调解；开展"尊法守法·携手筑梦""春风送法律　平安万里行""12·4宪法宣传"等专项活动15次，提供免费法律咨询1 250人次。扎实做好武汉市青山区等外出农民工维权站工作，接待法律咨询3 000余次，其中立案274件，涉及农民工1 038人次，结案金额3 349万元；办结维权案件16件、追回欠薪290.8万元。

（四）坚持多方联动，营造良好氛围

一是竞赛活动再加一码。持续举办"夔州工匠"劳动技能大赛，评选"夔州工匠"50名，技术能手147名；组织参加川渝区域性劳动和技能竞赛11场并多次获奖；组织"安康杯"竞赛，覆盖职工1.2万人；组织网上劳动和技能竞赛，参与单位36家，参与职工5 890人；成功

春节走访慰问新就业形态劳动者

创建市级劳模疗休养基地 1 个、市级劳模创新工作室 2 个。巩固提升"夔州工匠"品牌，调整优化竞赛方式，会同县应急局等部门举办"夔州杯"首届应急队伍大比武，参加成渝地区或全市性技能竞赛 2 次（获奖 1 次），助力职工技能提升。**二是政策保障再添一程**。经走访调研、意见征求、会商分析，制定《劳模示范引领争先行动方案》和《"夔州工匠"导师带动活动方案》，为劳模工匠发挥作用提供舞台、搭建平台、做好保障。

（五）坚持干部同心，做实服务保障

一是慰劳济困送温暖。擦亮"四季帮扶"品牌服务，开展"冬送温暖"活动，走访慰问劳模、一线职工、困难职工、新就业形态劳动者，筹集资金 782.86 万元，走访慰问职工群众 1.87 万人次，为 199 名困难学子发放助学金 52.28 万元。**二是普惠职工送福利**。为 323 名一线女职工免费筛查"两癌"，为 1 085 名职工开展健康公益体检；开展女职工普法宣传、职业病防治法宣传等专项活动 3 场次，发放宣传资

"劳模工匠先进典型进校园"宣讲活动

料 4 500 余份。**三是互助保障送需求。**持续开展职工互助保障工作，入会总金额 1 136.7 万元，2 552 人次因病获互助金 892.67 万元，其中重大疾病理赔 150 人次、586.9 万元。

三、启示

县总工会在坚持"党建带工建，工建促党建"过程中，围绕中心，服务大局，聚焦工会主责主业，持续夯实组织堡垒，做好表率、争当先锋，把党建统领贯穿工作全过程，实现党建和业务深度融合，推动工会工作创新发展。下一步，县总工会将旗帜鲜明坚持党的领导，团结带领职工坚定不移听党话、矢志不渝跟党走，汇聚广大职工建功新时代的磅礴力量，聚力中心大局、投身经济发展，不断健全完善工会维权机制，有力促进职工队伍和社会和谐稳定。以职工权益为落脚点、职工需求为出发点，打造工会服务新亮点，助力"兴业兴城　强县富民"发展目标，为实现奉节县高质量发展、高品质生活贡献工会力量。

聚焦企业"急难愁盼"
创新推行"快帮快办"

县民营经济促进中心

一、背景

近年来,奉节县开展干部"大走访、大排查、大服务"活动,5 446名干部联系帮促8.7万余家市场主体。在服务民营企业过程中发现,企业对办事找不准人、办事多头多次跑等情况反映强烈,镇街、部门办理企业诉求快慢不一、质量参差不齐等短板亟待补齐。奉节县聚焦民营企业急难愁盼问题,探索推行"快帮快办"服务民营企业机制,整合多方资源、联动多方力量,做到企业有诉求、政府必回应,企业有困难、政府帮解决,全力营造促进民营经济发展壮大的良好环境。奉节县民营经济增加值由2019年的206.54亿元增至2022年的280.8亿元,占全县GDP比重达71.1%,对经济增长的贡献率达80.4%。2023年7月,奉节县"快帮快办"服务民营企业机制成为重庆市基层改革典型案例。

二、做法和成效

(一)筑牢"党建+党群+党员"连心桥,民企发展底气足

坚持党建统领,成立"快帮快办"企业服务领导小组,定期研究部署,统筹联络服务、纾困解难、政策制定、制度探索等一系列助企

惠企工作。坚持需求导向，设立"1+N"党群服务平台，设置咨询接待、政务服务、意见征求等窗口，为民营企业专门开辟创客空间、法律援助、行业交流等功能场所。依托"干部联系帮促市场主体"行动，选派优秀党员对接联系民营企业党建工作，指导开展党组织活动，促进习近平新时代中国特色社会主义思想和党的二十大精神在民营企业贯彻落实，把准民企发展正确方向。

（二）构建"微信+走访+热线"联络网，政企沟通零距离

组建1个重点企业群、7个行业企业群、33个属地企业群、392个村（社区）服务群，8.7万户市场主体分层分类全覆盖进圈入群，高效便捷反映企业发展所需。持续开展"干部联系帮促市场主体全覆盖行动"，组织全县5 446名干部联系帮促8.7万家市场主体，收集行政审批、生产经营发展过程中遇到的困难和问题，全县累计走访市场主体51.6万家次，收集困难需求18 643个。2022年6月，开通"96018"民营经济服务热线电话，落实专人24小时负责接听，与微信群、干部走访形成互补，做到服务不断档、沟通不断线。2023年1—6月，"96018"累计接听电话1.6万次，受理诉求7 642件，其中非工作时间接报1 299件，约占17%。

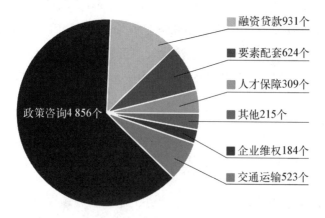

2023年1—6月"96018"民营经济服务热线受理企业诉求类型组成情况

（三）打造"领办+联办+直办"服务台，纾困解难高效率

由36名县领导"挂帅"，实行重点事项"县领导领办"机制，跨层级解决用地、用工、用能、融资等难题。2022年以来，县领导牵头领办问题67件。建立"1+7+N"联席会议机制，采取"同台办公、分级审批、分类联办"多跨协同方式，解决跨部门、跨领域等企业多头跑路的问题。2023年上半年，累计召开联席会议6次，推动解决涉企综合事项93件，研判化解历史遗留问题25个。实行"三个一"（一件事项、一个单位、一办到底）直办机制，由行业部门、所在乡镇（街道）按照企业反映事项所属领域和责任层级直接认领办理，做到企业诉求快速响应、一般事项高效办理。

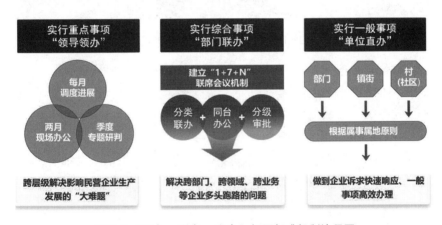

奉节县"领办+联办+直办"纾困解难机制流程图

（四）贯通"诉求收集+清单管理+限时督办"责任链，助企服务全闭环

创新推出"24小时在线客服"，落实专人负责微信群、服务热线的问题收集和电话接听，确保全时段接受企业咨询、解答企业疑惑。实行服务企业事项清单化管理，按照接件、登记、流转、办理、反馈、销号六个步骤，建立诉求、任务、成效"三张清单"。建立全过程限时

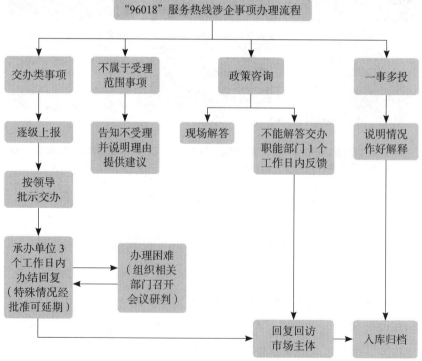

"96018"民营经济服务热线

跟踪督办机制，明确牵头或直办单位对企业反映事项2小时内完成首次情况沟通、24小时内完成情况核实并入库建档，一般事项3日内办结，重难点事项每周反馈进度。自2022年督办机制实施以来，累计发送提醒单28件次、催办单12件次，有效推动部门运行协同高效，服务效能大幅提升。

（五）严把"量化考评＋赛马比拼＋问题复盘"奖惩关，完善制度强保障

建立服务企业质效月考评、季通报机制，创新开发助企服务指数，每季度生成助企服务指数"五色图"排名并全县通报。自2022年量化考评开展以来，累计通报表扬先进助企单位36家次，约谈相关单位"一把手"4人次，"敢为、善为、愿为"的干事创业氛围在奉节蔚然成风。创新开展"赛马"比拼活动，划分乡镇（街道）、县级部门两个"赛道"，评选"善作为、勇担当、服务优"五星单位、先进个人和助企纾困最佳实践案例。2022年以来，累计开展"赛马"比拼活动6场次，评选出五星单位12家、先进个人30名，形成《奉节县"三三三"工作法助力"两个健康"见实效》《奉节县干部精准帮促市场主体"一走二访三帮四促"工作法》等最佳实践案例4个。建立典型问题复盘机制，对服务企业过程中暴露出的单位配合不到位、事项办理不及时、体制机制不完善等问题，通过提级研判、联合分析、现场查证等方式第一时间开展问题复盘，动真碰硬推动问题整改。2022年以来，累计开展典型问题复盘6次，曝光"门好进、脸好看、事难办"行为4件，"逆向调动"干部1人。

三、启示

（一）树牢"自己人"理念是实现惠企有感的根本前提

服务企业无小事，细微之处见真情。只有始终把民营企业和民营

企业家当作自己人,在民营企业遇到困难的时候给予支持,在民营企业遇到困惑的时候给予指导,想企业之所想、急企业之所急,为民营企业和民营企业家排忧解难,才能让他们放开手脚,轻装上阵,专心致志搞发展。

(二)推进"扁平化"沟通是政企双向奔赴的有效途径

政府与企业是促进高质量发展的"车之两轮",地方经济离不开企业的快速发展,企业发展同样离不开政府的大力支持。加快构建亲清政商关系,关键要政企良性互动,增进互信、实现共赢。

(三)坚持"闭环式"管理是精准纾困解难的主要基础

服务企业发展,解决问题是关键。只有牢固树立有为政府、有效市场思维,瞄准企业最为迫切的需求、最有获得感的领域、最想解决的"细微小事",设身处地为企业家排难解惑、真心实意为企业解决问题,才能真正以服务质效之"精"创发展环境之"优"。

(四)发扬"店小二"作风是构建亲清政商关系的有力保障

干事创业关键在人,重点看作风。好的干部作风就像阳光、水和空气,对民营企业生存发展须臾不可缺少。只有持续用力、久久为功,推动干部作风转变,才能为民营企业发展创造良好的外部条件,让民营经济根深叶茂、茁壮成长。

第三章

党建统领服务：以组织建设促公共服务提升

走进千家万户 访出群众幸福

县委组织部

一、背景

习近平总书记在学习贯彻习近平新时代中国特色社会主义思想主题教育工作会议上强调，党员干部要"善于换位思考，走进群众，真诚倾听群众呼声、真实反映群众愿望、真情关心群众疾苦，准确了解群众的所忧所盼"。"四访"工作法是奉节县脱贫攻坚时期标志性成果。2019年习近平总书记视察重庆期间，听取"四访"工作法汇报，《"四访"工作规范》成为全市基层治理领域首个地方标准。脱贫攻坚全面胜利后，原有的"四访"工作法部分已不适应形势要求。奉节县以打造新时代"红岩先锋"变革型组织为契机，整合调集多方力量与资源，推出"四访"工作2.0版，对干部走访、教师家访、医生巡访提出新模式、新机制、新举措，将农技随访迭代升级为专技随访，更加符合奉节发展实际，更加体现发展需求，更加符合人民心声，更具操作性和可行性，推动服务基层、服务企业、服务群众落地见效。

二、做法和成效

（一）干部走访，构建干群好关系

聚焦巩固拓展脱贫攻坚成果同乡村振兴有效衔接，创新"六四"

走访工作法，干部到户看院子、抬头看房子、伸手开管子、进门开柜子、走近问身子、坐下问孩子，每月开1次家庭会、干1天农家活、吃1顿农家饭、每年做2件贴心事，消除群众对干部的距离感、陌生感。实施县领导联系重点民营企业、干部精准联系帮促市场主体行动，对全县所有民营企业、个体工商户、专业合作社开展帮促走访，每季度实地走访或电话联系市场主体，全面了解企业生产经营状况、遇到的困难和问题以及对营商环境的意见建议，用好"快帮快办"企业服务运行平台，帮助企业解决融资、用工等问题。实施党建统领网格治理专项行动，将全县392个村（社区）划分为1 170个网格，按照"1+3+N"模式配齐配强专职网格员432人、兼职网格员1 170人、网格指导员1 170人，建立网格事项、专职网格员履职"双清单"。网格员围绕关注重点人群、日常巡查走访、重点场所巡查、协处突发事件、主动服务群众、正面宣传引导6大任务开展日常走访工作，实现力量在网格聚合、民情在网格掌握、矛盾在网格化解、问题在网格解决、服务在网格开展。

干部走访脱贫户，了解生产生活情况

（二）教师家访，助力孩子好未来

构建"校长+中层+班主任+任课教师"家访工作责任体系，全体教师每学期开展全覆盖家访，引导家长更新家庭教育观念，落实立德树人根本任务，把育人好政策、教育好思想、惠民好帮手送进学生家里，送到家长心里。实行"一生一档""一班一档"家访资料全覆盖，做到家访信息管理规范。关注离异家庭、留守儿童家庭、残疾病患家庭等重点对象，对因重度残疾、生活无法自理等不能到校就学的学生，由学校统一安排，至少保证每周送教上门1次，联动学校、社区、家庭三方力量，送教同时帮助解决实际困难、开展心理辅导。创建"三讲一听"家访工作法，教师入户家访期间，讲学生表现，让双方了解孩子校内校外情况；讲资助政策，让家长熟知最新教育资助政策及孩子享受资助情况；讲家庭教育，给家长传授教育技巧经验，讲好交通、防溺水等安全教育知识，当好孩子的"引路人"；充分听取家长意见建议，针对性改进教育方式方法，促进孩子成长成才。建立"家校共育机制"，邀

教师"送教上门"

请家长"进学堂",协助学校日常管理;"进课堂"授课听课,促进教育质量提升;"进食堂"监督学生餐饮质量,保障孩子饮食安全。

(三)医生巡访,守护群众好身体

深化县乡村三级医生巡访制度,整合临床医生、公卫人员、护理人员、乡村医生组建家庭医生团队,建立由1 241名医生组成的302支巡访队伍,深入392个村(社区),开展巡访服务。县级医生每季度深入乡镇(街道)场镇、小区、院坝、学校等,开展1次集中义诊,免费开展体检、提供健康咨询、宣讲卫生知识;乡镇医生建立健全居民健康档案,组建问诊分队,每周分村入户开展问诊工作;乡村医生针对行动不便者、老年人、孕产妇和慢性病患者等重点对象,常态化入户上门送医、送药、送健康。出台"一事一议"特殊救助政策,有效解决脱贫户、监测对象因大病产生大额自付医疗费用影响基本生活的问题。2022年,召开"一事一议"特殊救助审定会议4次,审定救助134人,发放救助资金318万元,有效减轻特殊困难家庭经济负担,防止因病致贫

家庭医生了解居民健康状况

返贫发生。按照优势互补、资源优化、公平竞争的原则，依托市、县、乡、村四级医疗机构，组建若干个紧密型医联体，以县人民医院、县中医院为牵头单位，基层医疗卫生机构为成员单位，实行集团化管理。

（四）专技随访，培育致富好产业

充分发挥全县专业技术人才优势，整合国土、林业、水利、住建、交通等力量，推动更多优秀人才、先进技术下乡进村，服务产业、服务乡村。组建23支专家服务团，吸纳基层单位优秀业务骨干参加。专家服务团由具有高级职称的专家担任团长，对全县6个中心镇实行包片服务，定期分片区开展"专家行"活动。626名专家深入田间地头，讲解专业知识，开展技术培训，实现面对面交流、手把手教学，推动脐橙、烟叶、中药材等产业提质增效，助力防汛抗旱、道路养护、房屋修建等工作。以随访专家服务团为单位，下设技术服务队，在专技服务团对乡镇开展组团式随访后，对发展种植业、养殖业、生态工业等全县重点产

农技专家指导玉米苗移盘

业大户、企业、农民专业合作社、家庭农场、返乡入乡创业园、就业帮扶车间等重点对象，开展跟踪式随访服务，随时联系、适时上门，全面搜集发展技术难题，对不能及时解决的，进行梳理分类，形成问题清单。依托新时代文明实践中心志愿服务平台，打造"您点单·我服务"线上服务品牌，群众通过微信小程序在线"下单"或通过村（社区）"点单"，由乡镇新时代文明实践中心"派单"，相关随访专家服务团"接单"，群众根据服务效果进行"评单"，形成工作闭环。

三、启示

（一）群众满意是标准

"四访"工作法始终坚持群众路线，突出"惠民有感"工作导向，把为群众谋利益、为群众办实事、让群众享公平作为根本目标，将群众普遍关心关注的住房、教育、医疗等作为工作着力点，建立群众评价评议机制，以群众满不满意作为工作成效评价标准，最终实现群众满意度持续提升。

（二）联动集成是途径

"四访"工作整合干部、教师、医生、专技人才四支力量，由县委组织部总牵头，县教委、县卫生健康委、县人力社保局各负其责，各部门、乡镇（街道）具体落实，形成党委统领、多跨协同、齐抓共管的良好工作格局，汇聚起为民服务最大合力。

（三）问题解决是关键

"四访"工作，以解决群众、企业、基层实际问题作为工作的有力抓手，对发现的问题和群众反映的问题，通过"当场解决、引导解决、上报解决"等方式予以解决，建立重大事项追踪回访、联席会议制度，以问题解决推动服务基层、服务企业、服务群众落地见效。

坚持党建赋能
推动律师行业高质量发展

县司法局

一、背景

近年来，奉节县司法局全面学习、全面把握、全面贯彻党的二十大精神，严格按照新时代党的建设总要求，紧紧围绕服务发展、服务决策、服务落实核心职能，坚持党建统领，服务发展大局，围绕党建统领"八张问题清单""八张报表"和"五项机制"，以高质量党建赋能律师行业高质量发展，全力打造新时代"红岩先锋"变革型组织。

二、做法和成效

（一）聚焦政治建设高站位，把牢正确政治方向

一是全面加强政治引领。在县司法局党组指导下，县律师行业党总支始终坚持和加强党对律师工作的全面领导，县司法局党组成员定期对律所党支部负责人开展谈心谈话，注重引导党员律师生成性学习，推动律所基层党组织和广大党员深刻领悟"两个确立"的决定性意义，增强"四个意识"，坚定"四个自信"，做到"两个维护"。**二是落实"三会一课"制度**。指导县律师行业党总支精心研究和准备"三会一课"主题、内容和学习教育载体，把组织党员开展经常性政治学习和

夔府律师事务所党支部成员重温入党誓词

教育摆在突出位置，坚持党支部书记讲党课，让党员能参加、想参加，不断扩大覆盖面、参与率，进一步坚定党员理想信念。**三是着力抓好党风廉政建设**。县司法局党组始终把律师行业作风建设作为党建工作的一项重要内容，通过集中学习、专题培训等方式，让行业律师了解当前意识形态建设面临的主要问题和挑战，旗帜鲜明地反对和抵制各种错误观点。加强对行业内意识形态领域舆情的监督、管控，对出现消极情绪、传播负能量信息的现象，一旦发现，立即进行约谈，严格管理，严肃纪律，坚决遏制涣散的思潮占据律所的管理阵地。

（二）聚焦行业党建新要求，夯实党建工作根基

一是党建律建深度融合。对律师事务所党支部书记开展党务能力提升培训，加强党组织书记的政治素质和党务能力，指导各党支部按照规范化要求开展工作，切实做好党员发展工作。注重从年轻律师和业务骨干中发展党员，积极支持和鼓励中青年律师申请入党，有计划

地把律师队伍中的优秀分子吸收到党的队伍中来,建立"结对帮带"、定期培训机制,激发律师入党积极性。**二是党员队伍培育壮大**。根据《中国共产党章程》和《中国共产党支部工作条例(试行)》有关规定,积极推动管辖范围内律所采取灵活多样的形式建立党支部,实现律师行业党组织应建尽建。强化党组织书记集中培训,推动法律工作者队伍建设规范化发展,不断发展壮大律师队伍。截至2023年上半年,全县现有律师事务所共7家,执业律师77名;成立律师行业党总支下设党支部6个,正式党员32名。**三是区县党建互动发展**。县律师行业党总支发起并联合巫溪县、巫山县律师行业党总支探索试行"跨县联建、互动发展"模式,打破县与县律师行业壁垒,积极推动三县律师行业党建高质量发展,打造奉巫巫党建联盟,形成优势相互借鉴、党员综合素养相互提高、党组织工作共建共发展的良好格局。

(三)聚焦行业发展高标准,引领行业健康发展

一是建立常态机制。全面加强律师行业党支部和党员教育管理,将党建工作与律师业务工作相结合,使党建工作渗透到律师事务所工作之中。重庆聚焦律师事务所党支部建立党员学习"云"课堂,通过视频与不能到场的党员进行线上交流学习;重庆环法律师事务所党支部把党员"红岩先锋"指数作为评价工作成效的重要指标,增强党员干事创业积极性。**二是建立联结机制**。县司法局与律师行业构建"1+1+5+N"民营企业走访模式,以党员干部为先锋、专业律师队伍为保障,搭建法律服务平台,积极对接企业法治需求,为服务保障民营经济健康、高质量发展贡献司法力量。累计走访221家民营企业,印发奉节县稳企惠企政策汇编250本,为帮促主体解读相应稳企惠企政策,切实提高民营企业对走访工作的满意度、支持度、信任度。**三是建立服务机制**。依托乡镇(街道)公共法律服务工作站、村(社区)公共法律服务室,扎实推进"一村居一法律顾问"工作,持续推广应用重庆村居法律顾问服务平台微信小程序,实行村居法律顾问工作与

举办党建联建活动，增强支部凝聚力

律师及律师事务所、基层法律服务工作者、基层法律服务所考核挂钩，实现全县 392 个村（社区）法律顾问全覆盖，建立 392 个法律服务工作室、33 个公共法律服务工作站和县级公共法律服务中心，累计用户 42 896 人，服务 27 313 人次，位居渝东北片区前列。

（四）聚焦律师个人真性情，展现律师担当作为

一是开展党建党务活动。县司法局党组指导各律所党支部以创新载体为抓手，充分利用现代远程教育、QQ 群、微信群等形式，筹办主题微党课，组织线上电影党课，参观红色教育基地、党史馆，联合举办党史知识竞赛等活动，拓宽党员律师学习交流渠道。**二是开展公益普法活动。**发挥党员律师的示范引领作用，开展送法进企业公益普法活动，组织党员律师线上线下义务普法。2023 年上半年，县司法局联合律所开展普法宣传活动 6 次，志愿服务活动 2 次，先后为 2 万余名群众提供法律咨询服务。**三是开展关怀青年活动。**县律师行业党总支号召组建"法润青苗"法律服务志愿队，定期深入青少年群体，围

绕校园安全、未成年人保护、预防未成年人犯罪、财产安全教育、学生伤害事故处理等热点话题走进校园，开展系列普法专题讲座，以微课堂、视频等形式进行深入解读，切实增强青少年的法治意识，为青少年健康成长筑起法治保护的绿色屏障。**四是开展乡村振兴活动**。组织全县律师开展"乡村振兴、法治同行"主题宣传活动，积极协助鹤峰乡青杠村、长连村创建全国法治示范村，主动提供法律宣传咨询，完善相关制度建设。2022年至2023年上半年，面向50余家民营企业开展法律服务，累计接受法律咨询350余次，参加诉讼活动55次，审查、起草各类法律文书130余件。

三、启示

习近平总书记在党的二十大报告中指出，"加强混合所有制企业、非公有制企业党建工作，理顺行业协会、学会、商会党建工作管理体制"。县司法局党组深学笃用习近平新时代中国特色社会主义思想，强化系统观念，持续聚力打造新时代"红岩先锋"变革型组织，通过多元主体联动、组织化全覆盖、资源强整合等方式，着力推进高水平法治、服务高质量发展、保障高品质生活、助力高效能治理、锻造高素质队伍，努力交出司法行政工作现代化高分报表，为助推新时代新征程新重庆建设，展现奉节新作为，开好局、起好步，贡献司法行政力量。

探索建立"学、融、惠、强"机制
画好为民服务"同心圆"

县市场监管局

一、背景

奉节县市场监督管理局自2019年组建以来，着眼大市场、大质量、大监管的新形势、新任务、新要求，针对思维层次、监管水平、精细管理等方面存在的不足和差距，坚持把加强党员干部学习教育作为素质大提升、观念大转变、士气大提振的有效抓手，在内容、形式、载体等方面积极探索创新，不断凝聚共识、聚合力量、理清思路、补齐短板，切实把思想和行动统一到上级各项决策部署和工作要求上来，有力激发了党组织的凝聚力、创造力、战斗力，有效推进了市场监管改革创新，确保了市场监管各项工作不断干出新成绩、迈上新台阶。

二、做法和成效

县市场监管局坚持围绕党建带队伍、强监管、优服务，探索建立"学、融、惠、强"机制，着力实现机关党务、监管业务、民生服务同频共振、多元融合，构建党建共同体，画好为民服务"同心圆"。

（一）聚焦"学"这个根本，描实理论基础"线条"

一是强化理论武装。严格执行"第一议题"制度，建立领导干部领学、带学、促学机制，深化"支部组织学、党员全员学、联系实际学"要求，不断提高党员干部政治判断力、政治领悟力和政治执行力。**二是打造业务课堂。**以"微学习"为抓手，用好学习强国、重庆干部网络学院、奉节微党建三大平台；以"周五学习日"为重点，打造"书记讲堂""局长课堂""青年学堂""科室授课"品牌，开展各类培训30余场次，通过培训内容、授课方式和考核形式创新，有机融合党章党规、党纪法规理论与条线业务知识，补足干部基层党建工作、优化营商环境、服务经济发展等知识短板。**三是用活考评机制。**严格执行"三会一课"、主题党日等党内政治生活制度，结合市场监管工作，有效实施政治考察、学习考勤、年度考核"三考"机制，做好党员"红岩先锋"指数积分管理，将"大学习"贯穿全年中心工作，敦促党员干部提振精神状态和工作质态。

红岩党员先锋队

（二）紧盯"融"这个关键，厚植实干担当"底色"

一是党建赋能强引领。打造"支部聚力，服务第一"党建品牌，把围绕中心、服务发展作为党建工作的出发点，切实推动党建与市场监管工作深度融合发展。以高质量党建统领党员在市场监管工作中发挥带头作用，把从严治党的要求落实到依法行政、从严监管中，焕发干部队伍担当作为的强大动能。**二是业务融合出真招。**持续释放党建"磁场效应"，推进市场监管工作落实，从严监管人民群众密切关心的食品药品安全、特种设备安全、产品质量安全等问题。全力推动党员带头落实食品安全包保"两个责任"，成立食品安全快速检测天网工程临时党支部，全力守护群众"舌尖上的安全"；开展"莎姐守未"、"长江禁捕"、学校食堂及周边餐饮服务食品安全、农村地区药品安全、虚假违法广告等专项整治，为经济发展提供公平公正、竞争有序的市场环境。**三是队伍整合抓标准。**启动市场监管系统行风建设三年攻坚行动，深入推进市场监管"两化"建设，抓好基层党组织队伍建设，及时补齐配优配强党支部班子，严把党员"入口关"，引导党员干部在监管服务中创先争优、攻坚克难，全力以赴投入创文创卫、基层治理、志愿服务等工作中，着力打造一支"政治强、业务精、作风硬"的市场监管铁军。

（三）树牢"惠"这个宗旨，绘就为民服务"蓝图"

一是审批服务便利化。签订"市场监管＋邮政"战略合作协议，通过在邮政网点设立"代办点"，解决监管所驻地外的乡镇办证难问题，为市场主体进行邮政代办300余次。在基层所窗口设立党员先锋岗，通过流程优化、系统整合、数据共享和业务协同等举措，实现证照办理"一件事一次办"，打通服务群众"最后一千米"，企业开办时间最快已实现0.5个工作日办结。今年共服务各类经营主体500余次，满意度达100%，免费为1 400余户企业提供印章，实现了企业开办

"3·15"打假宣传

"零成本"。**二是助企纾困常态化**。广泛动员党员干部"戴党徽、亮身份、作表率",深入开展"访企问需送服务"调研走访活动,推行"保姆式"企业信用修复,积极引导企业诚信经营,规范休眠企业退出机制,助力倍增企业"轻装前行",已对 4 万余户经营主体建立信用档案,受理各类年报咨询 3 000 余次。**三是民生保障实效化**。坚持党员带头,扎实开展"保安全、提质量、惠民生"系列活动,着眼民生消费领域维权,全面开展打击整治养老诈骗专项行动、民生领域案件查办"铁拳"行动,坚持发现一起、查处一起,切实保障人民群众合法权益。

(四)彰显"强"这个特质,打造创先争优"品牌"

一是学习氛围浓厚。"大培训、大考试、大比武"推动传统学习教育方式向体验式、沉浸式、互动式转变,激发了党员干部创造性张力。成功注册"奉上好品"(为世界打开夔门)图文版权,开通"奉上好品"微信公众号,"奉节好品进成都"推介活动被新华社、中国经济信息社等国内主流媒体编发 10 篇次稿件,总浏览量超过 200 万。**二是创业热情提升。**通过持续抓学习固根基、抓教育砺斗志、抓作风立导向,建成了奉节县食品安全快检体系天网工程(一期),率先在学校建设食品安全快速检测室,食品安全"两个责任"工作获县委县政府主要领导肯定性批示,成功召开渝东北片区知识产权交流会、首席质量官制度建设座谈会,有效激发党员干部干事创业精气神。**三是监管效能增强。**围绕市市场监管局"113661"工作思路,持续加大"三品一特"监管,全面普及阳光餐饮、阳光工厂、规范药房等场景集成应用。探索智慧电梯监管,做细无纸化电梯维保,全县电梯无纸化维保率达 77.77%。利用"双随机、一公开"监管平台,开展智慧监管,实现信息技术与基层治理相融共促。推动智慧建设,打造放心消费创建示范景区 1 个、放心消费创建示范经营户 132 个。实行消费投诉信息公示机制改革项目,联合县人民法院成立"奉节县诉源治理消费调解工作室",今年累计为消费者挽回经济损失 72 万余元。

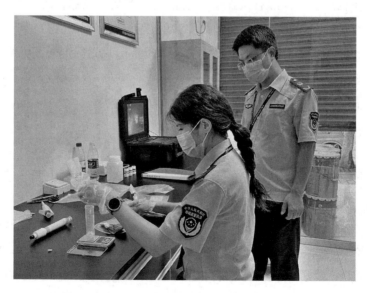

开展食品抽样检测

三、启示

（一）加强学习，让党员干部有服务群众的能力

要积极探索"线上+线下"的联动模式，将过去形式单一、内容单调、注重灌输的传统模式，转变为讲听互动、讲演结合、形式多样的新模式，增强学习教育的吸引力。线上用好"互联网+"这个新的增长极，发挥学习强国、重庆干部网络学院等新媒体平台的作用，打造党员学习教育"移动课堂"。线下充分用好地方红色资源、党员活动阵地，将党员学习教育融入"三会一课"，以主题党日为抓手，通过演讲、观影、参观学习等形式，增强内容的生动性、形式的吸引力，充分调动党员参与的积极性。

（二）融入实践，让党员干部有服务群众的载体

抓好党员学习教育的落脚点是融入实践、推动工作，要注重与本职工作相结合，找准有效抓手和结合点，围绕上级部署的重点工作、基层亟须解决的突出问题、群众关注的热点难点等，在窗口单位、联系服务群众紧密的岗位，设立党员先锋示范岗、党员责任区。通过在志愿服务、检验检测、执法稽查等工作中，党员规范佩戴党徽，亮明身份上岗，切实让群众找得到党组织，看得到党员。

（三）惠及人人，让党员干部有服务群众的行动

民有所呼，我有所应；民有所盼，我有所为。只有让人民群众感受到真真实实的便利和实惠，才能得到群众认可。立足"放管服"，让政务服务既能便民，又能利民；兼顾"法理情"，让行政执法既有力度，又有温度；统筹"时度效"，让日常监管既无事不扰，又无处不在。同时，加强党性教育、政德教育、警示教育和家风教育，锻造一支政治过硬、本领高强的市场监管队伍，全力守护人民群众的"菜篮子""米袋子""药匣子"。

构筑"三张网"
以党建带队建促审判建新功

县人民法院

一、背景

奉节县人民法院坚持"以党建带队建促审判建新功"工作思路，充分发挥基层党组织战斗堡垒作用和党员先锋模范作用，筑牢党建统领、融合、服务"三张网"，努力打造新时代"红岩先锋"变革型组织，推动党建工作与审执业务同频共振、深度融合。先后荣获2021年度"一站式多元解纷和诉讼服务体系建设工作先进法院"、全市法院第二批"多元解纷机制建设示范法院"、2022年度"执行工作先进单位"。

二、做法和成效

（一）构筑党建"统领网"，推动机制体制变革

一是工作方向从"抓党建基础"向"抓党建主业"转变。将党建与审执业务同谋划、同部署、同推进，院党组每月专题研究1次党建工作，每月制发《组织生活参考》，持续规范各支部"三会一课"和主题党日活动。**二是人才培养从"归口管理"向"动态培育"转变。**建立青年法官助理集中管理和培养机制，出台《奉节县人民法院法官职

车载便民法庭把"庭审"送到家门口

前培训工作方案》，选任 18 名政治强、业务精、作风正的资深法官担任法官职前实务导师，实行岗位模块化管理，全面参与协助办案、信息宣传调研、信访接待等工作，全面提升司法服务能力。**三是评价导向从"负面警示"向"正向激励"转变**。积极开展干警绩效试点工作，发挥党建统领作用，量化形成干警业绩考核表、优秀成果展示表等内容，作为干警考核、职级晋升、入额遴选的重要依据，突出干部正向激励导向，不断催生内生动力，激励干警高效履职，推进法院工作现代化。

（二）构筑党建"融合网"，推动能力素质变革

一是统领业务从"传统管理"向"智能管理"转变。坚持党建统领，用好"党建""审执"两张表，统筹运用数字化技术、数字化思维，以"赛马"比拼推进党建和审执同抓共管互融。构建党建统领智治系统，以平台数字化推动基层整体智治，承担全流程网上办案试点工作任务，全面铺开"数字法院"使用，诉讼事务全流程"掌上办"。依托车载便民法庭，开展党的二十大精神宣讲、习近平法治思想宣传

活动,将一站式诉讼服务延伸至人民群众家门口,打通司法便民服务"最后一千米"。截至 2023 年上半年,出动"车载便民法庭"进乡镇、进社区、进商圈、进学校开展宣传活动 56 场次,滚动屏幕宣传 300 余次,接受群众咨询 1 500 余人次。**二是提升"一镇街一法官"工作机制基层治理效能。**把"一镇街一法官"工作纳入本院"一把手工程",由党员法官在联系镇街中,确定 1—2 个党支部作为支部联系点,党员法官定期深入联系点开展法治宣讲、提供法律咨询、化解矛盾纠纷等。积极组织联系点支部与机关各党支部开展"主题党日+结对共建"活动,指导村(社区)党组织将日常工作与普法、学法、用法等工作进行有机融合,使党建工作真正发挥"服务群众、凝聚人心、促进发展"的作用。2023 年上半年,开展结对共建活动 12 场,为群众提供法律咨询 50 余次,化解涉农纠纷 700 余件。**三是配齐用好法治副校长,护航未成年人成长。**扎实开展"天平护未"活动,选派 7 名政治素质好、业务能力精的党员骨干担任法治副校长,通过走出去开展"开学第一

"小镇大法官"在赶法治"大集"

法治副校长艾记全在永安中学讲"开学第一课"

课"、送法进校园等法治宣传活动,请进来开展"法院开放日""小公民法律课堂"等法治体验活动,不断提高未成年人的法律意识。将关注对象由涉犯罪和受害未成年人转向全面关爱涉诉未成年人,关爱目标由普通教育帮扶延伸到社会治理,关爱方式由诉后回访拓展为全程关爱,全面加强涉诉未成年人司法保护。

(三)构建党建"服务网",推动服务体系变革

一是服务理念从"被动落实"向"主动探索"转变。注重理念创新和品牌打造,组建党员帮扶小组,开展"司法助力乡村振兴活动",为群众提供法律咨询100余次,诉前化解纠纷30余件。**二是服务方式从"单打独斗"向"共建共治"转变**。有序推进"院校联建",组织法院干警常态化开展"送法进校园""法庭开放日"活动,开展"小公民法律课堂"20余次,模拟法庭5次,受教育人数6 000余人。**三是服务触角从"普遍单一"向"精准多维"转变**。先后向岩湾乡、吐祥镇、汾河镇派驻6名驻村第一书记和14名工作队员,立足自身职能职责,为群众开展法律服务、法治宣传,参与矛盾纠纷化解,为村民提供公益性法律服务。

车载便民法庭送法进校园

三、启示

（一）首要任务

打造新时代"红岩先锋"变革型组织，要把加强党的全面领导作为首要任务。立足法院工作实际，以"党建带队建促审判建新功"为主线，做到党建与业务共建、共享、共治、共融，坚持以高质量党建作为统领，推动法院审判工作高质高效。

（二）重要抓手

打造新时代"红岩先锋"变革型组织，要把党组织的战斗堡垒作用和党员的先锋模范作用发挥作为重要抓手。把党建统领作用融入执法办案、服务发展大局的各个环节，真正做到"用党建统领主业、用业务体现主责"，高效高质办好每一个案件，不断提升法院审判工作质量。

（三）根本路径

打造新时代"红岩先锋"变革型组织，要把系统集成、协同高效作为根本路径。聚焦"公正与效率"这一司法工作主题，注重数智化、科技化赋能，不断迭代升级"巡回审判车""云上共享法庭"等，推进公正司法，在新时代新征程新重庆建设中体现法院担当。

数字赋能，打通服务残疾人"最后一千米"

县残联

一、背景

2023年4月25日，数字重庆建设大会召开，市委书记袁家军同志在大会上强调，数字重庆建设是现代化建设中具有乘数效应的关键变量和基础设施，要主动塑造数字变革新优势，积极拥抱数字文明新时代，以数字化引领开创现代化新重庆建设新局面。奉节县残联深入践行以人民为中心的发展思想，聚焦残疾人急难愁盼问题，主动塑造新时代助残数字变革新优势，打通服务残疾人"最后一千米"，奋力打造新时代"红岩先锋"变革型组织。

二、做法和成效

（一）搭建数字平台，服务形式由"单一式"转向"多元化"

一是以"党建+助残服务"搭建服务平台。 通过开展"红岩先锋"党支部联盟活动，委托重庆广播电视信息网络有限公司奉节分公司以有线电视平台为载体，开发贴心服务、政策咨询、奉节榜样、残联党建等四大信息服务板块，为全县5 605户重度（一、二级）持证残疾人家庭安装有线电视、网络宽带，搭建智慧助残有线电视服务平

"智慧助残暖心工程"通信服务工作

台。**二是以"党建＋企业合作"带动资本投入**。积极争取与重庆广播电视信息网络有限公司奉节分公司合作，邀请企业参与全县残疾人事业发展，双方议定以1∶1的比例出资共担每户360元／年的网络费用，为全县重度残疾人提供20兆的免费无线网络宽带有线电视服务，每年节省社会成本168.15万元。**三是以"党建＋数字服务"帮扶残疾对象**。依托平台精准对辖区内重度残疾人进行内容推送，提供政策咨询、就业培训、办事指南和康复救助等服务，让重度残疾人足不出户就可以获取信息。同时，单位党员干部联合乡镇（街道）残联专职委员，组建党员"红岩先锋"志愿队，动态更新联络信息，让残疾人找得到人、寻得到帮助。

（二）强化数字赋能，服务方式由"线下跑"转向"网上办"

一是创新"党建＋志愿服务"工作，筑牢数字化基础。积极探索助残新路子，通过开展"党员带职工"联系乡镇活动，进一步摸清底数。"十三五"期间,奉节新办理持证残疾人8 669人,其中肢体残疾人占比约70%。为使残疾人"少跑路""少出钱",充分利用"互联网+"优势,开启残疾人网络远程视频鉴定探索工作,每年可为残疾人节省支出约80万元。**二是力促"党建+资源整合",增强数字化力量。**充分利用党的组织优势,加强与市残联、山东滨州残联党组织联络,推动残联资源、力量集成,争取资金160万元实施奉节县残疾人网络远程视频鉴定项目,委托宜昌兴洲科技有限公司完成技术开发、设施设备选型配套,在全国范围内率先搭建残疾人网络远程视频鉴定系统,探索实施肢体残疾人远程鉴定,促进残疾人证"应办尽办"。**三是夯实"党建+党员示范"力量,推动数字化进程。**积极发挥党员示范带动作用,建立重点项目党员示范工作专班,推动远程视频鉴定系统建设,完成县人民医院、县中医院、县残联和8个乡镇(街道)设备安装调试、试点运行,主要鉴定有明显肢体缺陷、持有具备诊断资质医院出具的诊断确认书的残疾人。该系统于2023年2月正式启用,

前往山东省滨州市考察调研

促成残疾人与企业达成意向性合作

已成功远程鉴定残疾人 10 例。

（三）优化组织管理，服务流程由"分头跑"转向"一站式"

一是强化党建统领作用，提升工作效率。进一步优化组织运行机制，推进组织工作与中心工作相融合，通过开展"谈心谈话"活动，干部职工的思想更加统一，工作效率有所提升。进一步厘清残疾人证办理流程，科学减少管理层级，优化残疾人证办理手续，由原来的"乡镇受理—残联审核—医院鉴定—乡镇发放"变为"乡镇受理—医院鉴定—乡镇发放"，残疾人办证最多只跑 1 次，办理时间压缩至 15 个工作日左右。**二是加快核心业务数字化，提升服务便捷度。**扎实推进"党建＋互联网"助残服务模式，实现残疾人证、残保金申领等服务事项"一网通办"，推动残疾人证新办、换领、迁移、挂失补办、注销、残疾类别等级变更 6 项事项实现"跨省通办"，提高服务效率，让残疾人办事更方便。**三是用好组织手段，激活各方力量助残。**持续开展"我为群众办实事"系列活动，积极探索"政府扶助＋残联协办、优秀企业＋助残"的帮扶模式，多渠道鼓励促进残疾人就业创业，落实残疾人就业政策，根据残疾人的身体状况和生产需求，梳理待业残疾人资料信息，联合人社局等单位开展残疾人职业技能、农村实用技术培训。积极搭建就业平台，针对残疾人创业就业困难的实际，开展残疾人士就业专场招聘会，邀请13家企业，帮助69位残疾人顺利就业，有效解决残疾人士就业难问题。

三、启示

（一）坚持党建统领数字赋能

党建统领各项工作，数字技术正以新理念、新业态、新模式全面融入人类经济、政治、文化、社会、生态文明建设各领域和全过程。县残联积极将数字技术应用到残疾人事业发展各领域，极大方便残疾人生产生活，为残疾人提供更加多样化的靶向服务。

（二）坚持问题导向精准施策

问题就是事物的矛盾。哪里有没有解决的矛盾，哪里就有问题。县残联立足新时代发展要求，把问题研究作为工作的起点，把工作的着力点放在残疾人最突出的矛盾和问题上，把化解矛盾、破解难题作为推动残疾人事业高质量发展的突破口，以一域服务全局，开创"兴业兴城·强县富民"崭新局面。

（三）坚持人民至上贴心服务

为人民而生，因人民而兴，要全心全意为人民服务，始终同人民在一起，为人民利益而奋斗。县残联将创建新时代"红岩先锋"变革型组织与残联本职工作相结合，织牢织密保障网，切实让全县残疾人安居乐业、衣食无忧。

深化"四强四提"
打造"四型"服务平台

县公共资源交易中心

一、背景

县公共资源交易中心担负着全县公共资源交易平台建设与公共资源项目进场交易两大使命。公共资源交易涉及利益面广、社会关注度高，对县域经济社会发展和民生改善有直接和广泛的影响。如何通过推进中心机关党支部标准化、规范化建设，不断发现和总结中心党建工作好经验、好做法，推动机关党建与业务工作深度融合、共促共进，引领推进全县公共资源交易工作公开透明、提质增效，是县公共资源交易中心进一步加强机关党建工作必须解答的课题。

二、做法和成效

2023年上半年，面对打造新时代"红岩先锋"变革型组织、推进公共资源交易领域数字化改革的新任务，县公共资源交易中心始终围绕创建学习型、服务型、创新型、廉洁型"四型"交易平台的发展目标，坚持以党的政治建设为统领，牢固树立"抓党建、强队伍、促发展"工作理念，以"四强四提"为载体，持续深化"党建+阳光交易"工作举措，不断推动机关党建与业务工作深度融合发展，为推动全县公共资源交易事业高质量发展提供坚强的组织保证。

（一）强学习、提本领，打造"学习型"平台

坚持把学习贯彻党的二十大精神和习近平总书记系列重要讲话精神作为政治理论学习"第一议题"，充分利用主题党日、"三会一课"等载体，通过领导带头集中学、研讨交流深入学、创新方式广泛学等方式，常态化组织开展支部政治理论集中学习7次，国家安全和红色革命教育等各类主题党日活动6次，职工政治理论集中学习13次，业务知识专题研讨6次，开展学习强国"红岩先锋学习榜"周评比活动13期，表彰学习先锋103人次。营造浓厚学习氛围，推动全体党员干部深刻领悟"两个确立"的决定性意义，增强"四个意识"，坚定"四个自信"，做到"两个维护"，推进政治理论学习抓常、抓细、抓实，在学思践悟中提升政治理论水平和业务工作能力。

在平安乡咏梧村川东游击队小镇开展党性教育

（二）强融合、提实效，打造"服务型"平台

坚持党建统领，积极探索"党建＋公共资源交易"新思路、新方法，深挖党建与业务工作融合点，加强机关党建与业务同研讨、同调度，项目进场资料由5项精简为3项，项目发布流程由5步精简到2步，取消投标企业相关证书原件现场审核环节。严格执行"一促二告三报"工作法，将"一件事一次办"改革融入交易工作全过程、各环节，为市场主体提供标前服务、错峰服务、延时服务等，大幅缩减招标采购时间，持续优化公共资源交易领域的营商环境，构建党建与业务工作同向发力、互融共促的新发展格局。

开展"传承红岩精神　争做红岩先锋"主题党日活动

（三）强创新、提服务，打造"创新型"平台

坚持以党务促业务，以创新机制助推优质服务。以公共资源交易数字化改革为契机，调整交易场地功能布局，升级优化场地智能设备

首个"不见面"开标现场

与电子交易系统,推广运用政府采购全流程电子招投标、建设工程项目远程异地评标、"不见面"开标等互联网招标模式,增强公共资源交易工作的透明度。积极推行"零门槛、零推诿、零障碍、零距离、零跑腿"的"五零服务"。设置党员红岩先锋岗,充分发挥党员先锋力量,精准引导和服务参与招投标活动的各类市场主体,不断提升市场主体获得感和满意度,让党建赋能交易各环节,助推公共资源交易提质增效。

(四)强管理、提作风,打造"廉洁型"平台

坚持作风建设引领,认真制定《2023年全面从严治党工作要点》《2023年度党风廉政建设和反腐败工作责任分工》,压实全面从严治党主体责任。修改完善招投标现场管理规章制度,对专家抽取、开标、评标、监督等各环节现场行为进行严格规范,让每项工作、每个环节、每道流程只有规定动作,没有自选动作。严格执行奉节县干部执行力

作风建设深化年工作要求，常态化开展机关作风效能督查，坚决纠治工作中的"躺平"思想，整治"按部就班干工作、顺其自然等结果"的惯性思维，形成以制度管人、按规矩办事、靠作风吃饭、拿实绩说话的鲜明导向，不断增强基层党组织创造力、凝聚力和战斗力。

通过"四强四提"，中心在打造新时代"红岩先锋"变革型组织过程中收到了良好效果，实现了队伍建设与支部建设"双提升"，党建工作与中心工作"双促进"，摆脱了党建与业务的简单"物理捆绑"，实现了良好"化学反应"，党员队伍建设有了新风气，党建业务融合有了新境界，党建责任落实有了新提升。2023年上半年，中心党支部坚持把抓重大任务落实作为磨炼支部组织能力的"磨刀石"，真抓实干、奋勇争先，前三季度共完成各类招投标项目132个，总交易额303 486.7万元，增收节支15 218.53万元，为助力全县经济社会发展提供了强有力的要素保障。

三、启示

新时代下的公共资源交易工作，必须坚持和加强党的领导，坚持用习近平新时代中国特色社会主义思想和党的二十大精神武装头脑、指导实践，创造良好的内外环境和体制机制，才能推动全县公共资源交易事业有新担当、新作为、新气象。

（一）夯实"党建＋机制"，全力推动公共资源交易高质量发展

要聚焦增强基层党组织政治功能和组织功能，深入实施基层党组织建设提质增效工程和党建领航铸魂工程，持续巩固深化党的"三基"建设，围绕打造新时代"红岩先锋"变革型组织目标，建立和完善学习、考核、评比、激励等制度机制，全力打造一支能力强、业务精、素质高的人才队伍，把优质服务融入招投标各个办事程序，才能助推

公共资源交易事业高质量发展。

（二）提升"党建＋创新"，全力促进公共资源交易标准化

要聚焦"党建统领"和"营商环境"主题，将主题党日搬到公共资源交易一线，设置党员红岩先锋示范岗、责任区，为市场主体认为的堵点、难点问题，提供"马上就办""首问负责""即时告知""一次办结"等服务，充分发挥党员的先锋模范作用，进一步强化党员干部"领跑"意识，持续优化营商环境，才能为市场主体提供更加优质的服务。

（三）融合"党建＋业务"，全力提高公共资源交易透明化程度

要找准党建与业务深度融合的发力点，以党建促业务、以业务强党建，充分利用"互联网＋公共资源交易"的模式，加大"智慧交易"建设力度，努力实现所有进场交易项目由传统招投标模式向现代招投标模式的转变，全面实现公共资源交易活动全程电子化、网络化、科技化，减少人为因素干扰，遏制违规行为，才能促进公共资源交易更加阳光透明。

在"学习"中提升,在"活动"中成长

重庆市巴蜀渝东中学

一、背景

打造新时代"红岩先锋"变革型组织,是重庆对标落实党的二十大战略部署的务实举措。重庆市巴蜀渝东中学紧紧围绕新时代"红岩先锋"变革型组织建设,以高度的政治自觉、思想自觉和行动自觉全力抓好创建工作,聚焦"五型"组织,大力弘扬伟大建党精神和红岩精神,切实以党建统领提升立德树人综合能力。

打造新时代"红岩先锋"变革型组织试点工作启动会

二、做法和成效

（一）学习走"新"更加"走心"

一是理论小组带头学。深入学习习近平新时代中国特色社会主义思想，全面落实"第一议题"制度，建成理论学习小组集中学习，坚持党总支先学一步，及时把握理论精髓。完善制定各支部每月学习计划，对学习中遇到的问题，通过组织学习研讨等，引导党员真学、真用、真懂、真信。**二是年级支部深入学**。年级支部组织党员干部畅通"线上+线下"学习渠道，充分挖掘学习强国、网络学院等各种"云端"资源，结合主题教育，依托"三会一课"、主题党日等，开展《中国共产党章程》专题研学。举办党员干部重温入党誓词、党组织书记讲党课、党史知识竞赛等活动，谈学习感受，聊学习心得，深刻领悟、准确把握习近平新时代中国特色社会主义思想和党的二十大精神。**三是读书沙龙分享学**。为引导党员干部爱读书、读好书、善读书，党总支在党员干部中开展了"最是书香能致远"主题读书沙龙活动，让党员真正把读书学习当成一种生活态度，在读书中保持思想活力，不断提升能力，实现自我超越，为推动学校高质量发展贡献应有的力量。党员干部读书沙龙活动，党员覆盖率100%，普通教师覆盖率80%以上。

（二）活动创"新"紧扣"五型"

一是在党建专项活动中激活"学习"。为丰富主题党日活动内容，校党总支书记带领党员教师到竹园初中、长鹏初中开展送教下乡交流活动，加强了校际交流学习。走进下庄村党支部书记毛相林的"红色课堂"，党员们深切感受到下庄人不甘落后、自力更生、顽强拼搏的精神，从下庄修路人身上汲取奋进力量。深入开展"学习红岩精神　坚守教育初心""弘扬红岩精神　谱写时代篇章"等专题党课，让每一位

与长鹏初中、竹园初中党支部交流

走进下庄开展"红色课堂"

党员都成为鲜活的红岩精神的践行者和传承者。

二是在教学教研活动中聚焦"创新"。聚力打造"善为根、雅为骨、志为魂"德育理念，建立"三赛三节"德育体系，成功举办第十六届体艺节，开展"向善少年 逐梦青春"班级风采大赛、"爱从感恩开始"演讲比赛、"唱响青春歌 放飞中国梦"励志歌曲大赛等活动，充分彰显立德树人内涵活力。落实集体备课制度、推门听课制度，打造"双师"课堂、"云课堂"，开设选修课、社团活动课、劳动课、安全课。创新教研活动，打造创造型"学习—实践—反思—再学习"教学模式和推进青年教师"6个一"成长模式，打造40余个精品社团，为学生全面发展奠定坚实基础。

三是在请进走出中彰显"开放"。开展"浅谈新时代教育观""教师专业发展的N条行动""防范电信网络诈骗之针对企业职工宣防篇"等专题讲座。组织班子成员参加重庆市鲁能巴蜀中学十五周年教育教学成果展，到湖北宜昌参加三县联盟研学旅行等活动，进一步增强学

校陈海红老师荣获全市2023年"青春倡廉·'廉'心育人"主题演讲决赛一等奖

习意识,提升综合素质。

四是在为民活动中升级"服务"。 学校成立六大中心,依托家校共育中心促进家校沟通交流,教师成长中心实施师徒结对"老带新",学生发展指导中心指导学生职业规划和中考志愿填报,留守儿童服务中心为留守儿童送温暖,心理健康咨询中心为师生进行专业心理疏导,公益性服务中心丰富师生业余生活,更好地服务师生向上向好发展。

五是在"赛马"比拼中凸显"效能"。 探索打造智慧校园、智慧班级、智慧家校,优化校园一卡通和门禁系统,落实校园重点区域监控全覆盖。升级教室班班通系统,践行学校无纸化办公系统,用实用好网上阅卷系统,进一步提升学校运行质效。围绕"三会一课""师德师风""教学成绩""服务态度""竞赛活动"等方面,对所属支部进行"赛马"比拼考核,促进全体党员不断学习、不断完善、不断奋进。

三、启示

(一)坚持党建统领,推动教育发展

实践证明,只有将党建工作融入教育教学活动,党建统领作用才

巴蜀渝东中学智慧食堂

得以充分发挥。要建立党建与业务融合工作机制,坚持以党建促业务,以业务带党建,开拓创新、扎实工作,推动学校各项工作行稳致远。

(二)坚持为民宗旨,深入服务群众

打造新时代"红岩先锋"变革型组织,必须坚持以人民为中心的发展思想,办好人民满意的教育。强化党员干部的服务意识,扎实践行立德树人根本任务,努力赢得良好社会反响。

(三)坚持创新创造,丰富活动载体

党建活动是提升党员意识的重要途径,是增强支部活力的重要方法,是规范政治生活的重要手段。开展党内政治生活要注重形式与内容的紧密结合,目标与效果的统一,让党员教师把活动成效内化为工作动力,以身作则,全心全意投入到教学工作中去。

第二编 "联动式集成"党建统领模式的镇街实践

第四章 创新党建举措：打造新时代"红岩先锋"变革型组织

坚持对标纠偏、迭代升级
推动基层党组织建设全面进步全面过硬

夔州街道

一、背景

夔州街道成立于2021年2月，由城市西移拓展而来，下辖7个村（社区），有11个基层党组织、党员445名，常住人口7.5万人，既山区库区一体，又城市农村融合，具有典型的城乡二元结构特征。加之街道成立之后一直处于征迁、结算进程当中，各种利益、矛盾纠缠，党员干部思想转变无法紧跟城市化进程，致使一些基层党组织凝聚力、号召力不强，党员先锋模范作用发挥不够充分。深化党建统领基层治理任重道远，迫切需要以"变革"来全面提升党组织领导力、组织力，党员公信力、号召力。

二、做法和成效

街道按照县委统一部署，将打造新时代"红岩先锋"变革型组织作为当前街道的中心任务、组织工作的第一要务，坚持以党建工作规章制度为准绳，围绕县级"九变革强九力"要求，对标纠偏、迭代升级，从基层党组织自身建设入手，全程聚力、全员参与、全域攻坚，不断强堡垒、强治理、强服务。

（一）细化路径抓手，推动基层党组织创有方向

围绕县级确定的重点任务，从体制机制入手，把试点过程拆解，把试点流程拆分，让基层党组织创有方向、干有目标。**一是推行"四步变革法"，把路径定下来**。提出试点期间"变革组织、迭代体系、优化机制、增强功能、提质工作"的20字总体目标，明确"观念重塑、体系重建、机制重构、成效凸显"的"四步变革法"实施路径，滚动梳理目标任务，明确每个阶段的时间要求，推动目标明确、步骤到位。**二是抓实"变革十二条"，把工作亮出来**。突出"跳一跳、够得着"，细化街道"变革十二条"打造"五型组织"的具体任务，制定"一方案一图一表"，对变革各项工作细化、量化，清单上墙公示，让机关、村（社区）对"做什么""谁来做""怎么做""做成什么样"一目了然。构建"安排部署—清单落实—督查复盘"的工作闭环，每周一汇总一研判一调度，推动运转高效、快速推进。**三是构建"五条小赛道"，让基层动起来**。街道层面设立"五条小赛道"，对学习型、开放型、创新型、服务型、效能型组织分别明确工作任务和具体要求，实行"共性＋个性"相结合的方式，每两月开展一次横向评比，落实动

变革型组织施工图

态调整机制，推动创建工作可量化、可比较、有压力。

（二）全面纠偏升级，推动基层党组织创有重点

按照"纠偏、升级"的变革要求，对基层党建工作全面起底，做到哪儿有问题、有短板、可提升，就从制度层面规范推进，推动组织工作全街道严抓、全领域过硬。**一是深化"双找"行动，让堡垒旗帜树起来。**开展党员找组织、组织找党员"双找"系列行动，推行"楼盘建党支部，楼栋建党小组，楼层建党员中心户"，建立党员管理台账，选取147名党员担任楼层长，形成一人联十人、十人联百户的联系服务工作格局。建立党员结对帮扶机制，支委成员"一对一"帮扶行动不便的党员，骨干党员"一对二"联系外出党员，89名党员结成帮扶关系。**二是发挥网格作用，让基层治理强起来。**健全街道、村（社区）、网格、楼栋四级基层治理架构，建立"红色楼栋长"制度，整合创文联创单位、驻辖区单位资源，实现大事共商、组织共建、党员共管、工作共考、资源共享。摸排网格内重点人群情况，建立台账、动态更新，做到"十必访"，即群众家中有喜事、丧事、难事、急事、病事，有矛盾纠纷、信访诉求、入伍参军、空巢老人、留守儿童等情况时，均及时上

网格指导员、专职网格员到网格开展工作

门走访，推动网格走访户户到、时时联、事事帮。**三是丰富工作载体，让服务群众活起来。**成立"夔小二"先锋队，组织党员干部定期进企业进车间穿一天工作服、当一天生产员、做一天搬运工。190余名干部全覆盖走访市场主体900余家，帮助企业解决发展、生产、销售难题163个，争取落实产业支持资金200余万元。建立"党群议事会"机制，在社区党组织的领导下，由居委会、市民议事代表、物业企业、自管会等多元主体参与，协商解决高层建筑消防安全、垃圾分类点位布设等民生

专职网格员开展"十必访"

"夔小二"在车间

社区民主协商自来水用水及管护问题

问题 11 件。组建"1+5+N"联巡联防联控先锋巡逻队，全面参与治安巡逻、普法教育、矛盾化解、防范非法集资、全民反诈、重点人员帮教管控等工作，实现社区治安总体向好，群众安全感有效提升。

（三）营造整体氛围，推动基层党组织创有效果

把群众有参与感、获得感作为变革的出发点和落脚点，围绕群众身边事开展系列活动。**一是抓好宣传普及，让群众关注变革**。把党员干部参与度、辖区居民知晓率作为试点创建的重要一环，开展变革型组织"大学习、大讨论"，依托"夔州夜话"，在居民小区、屋场院坝召开宣讲会 14 场次。组织各村（社区）采取一封公开信、一个公示栏、一块展板标语、一套自办广播、一场院坝会的"五个一"方式，全覆盖宣传变革工作，做到家喻户晓、人人支持。**二是抓好场景塑造，让群众了解变革**。聚焦"三化九场景"，围绕"一老一小"等民生问题，规划提升 4 个城市社区党群服务大厅，分别设置变革型组织展示区域。在物业小区、广场等位置张贴变革型组织宣传标语、设置展板，在机关、村（社区）大厅设置"红岩先锋示范岗""红岩先锋服务岗"等，努力把变革氛围融入方方面面。**三是抓好活动开展，让群众参与变革**。推进"变革+"系列活动，广泛开展"我为变革献一计，我为

红岩先锋工作展示

变革点个赞"活动,收集党员、群众意见建议19条。分村(社区)梳理意见建议,聚焦反映集中事项开展"变革+"活动,因地制宜开展党建统领管理体系变革、党建统领服务群众手段变革、党建统领治理方式变革等项目,均收到良好变革效果,得到群众广泛认可。

三、启示

通过打造新时代"红岩先锋"变革型组织,夔州街道在试点过程中迭代了体系、优化了机制、增强了功能、提质了工作,给新形势下不断提高组织工作质量带来了诸多有益启示。

(一)习近平新时代中国特色社会主义思想是变革工作的原动力

习近平新时代中国特色社会主义思想博大精深,是马克思主义中国化新的飞跃,也是在新时代推进中华民族伟大复兴的动力源泉。街道在变革型组织试点过程中,坚持自觉从习近平新时代中国特色社会主义思想"源头活水"中找遵循、找依据、找方位、找方法，围绕习近平总书记关于组织工作重要论述，全面重塑观念、重建体系、重构机制，推动变革型组织建设有力有效。

（二）党章党规是变革工作的标尺线

街道层面理解，变革不是推倒重来，而是不断迭代优化。街道党工委坚持以党章党规为标尺，对基层党组织工作落实情况进行全面起底。对其中落实党章党规有偏差的及时"纠偏"，对落实效果有差距的及时"升级"，对落实机制不顺畅的及时"迭代"，全面提升基层党组织标准化、规范化水平。

（三）党员干部是变革工作的关键点

推进变革工作，关键在人，关键在党员干部。街道党工委狠抓党员干部这个关键点，系统组织学习领会新时代"红岩先锋"变革型组织的内涵和外延，分批次安排党员干部到发达地区、先进单位交流学习，开阔眼界、发散思维、更新理念，引导广大党员干部人才强化生成性学习、保持创造性张力，善于塑造变革、敢于争先创优，不断凝聚变革工作的强大合力。

（四）惠民有感是变革工作的生命带

全心全意为人民服务是我们党的根本宗旨。街道党工委在开展变革试点过程中，始终把群众参与作为第一要务，把群众需要作为第一信号，把群众满意作为第一标准，聚焦组织自身，围绕群众身边事开展一系列活动，推动党员群众了解变革、支持变革、参与变革。实践证明，只有坚持以人民为中心的发展理念，认真倾听群众呼声，及时回应群众关切，变革工作才有生命力、持久力。

党建化"笔" 绘就"花海桃乡"

汾河镇

一、背景

汾河镇位于长江北岸、县城东北,全镇地形呈 U 字形,辖区面积 133.5 平方千米,距县城 28 千米。全镇海拔在 220 米至 1 430 米,境内东部有草堂河注入长江,西部有花园河并入梅溪河。全镇辖 13 个村 1 个社区,户籍人口 12 533 户 4.16 万人,常住人口为 11 811 人;现有 15 个党支部 766 名党员。汾河镇认真学习贯彻市委、县委部署要求,准确识变、科学应变、主动求变,聚焦"五型"组织具体目标,以"一统六化"为工作路径,用好"3343"工作法,着力在抓落实、破难题、创载体、见实效上

汾河镇黄桃种植基地

聚力用劲，助推打造新时代"红岩先锋"变革型组织建设。

二、做法和成效

（一）以"三强化"为抓手，在责任落实上迈出新步伐

坚持以党建为统领，牢牢抓住党建责任制这个"牛鼻子"。**一是以方案清单强化管理**。制定《汾河镇基层党建工作重点任务》《汾河镇打造新时代"红岩先锋"变革型组织试点工作方案》《汾河镇"五色图"考核评价工作规则》等文件，建立健全镇村抓基层党建"两级清单"制度，年初与14个党支部签订"基层党建责任书"，分领域制定"八张清单"，积极开展"赛马"比拼活动，现场晒出村（社区）党建考核"五色图"，持续推行"单月汇总、双月通报、年底评比"考核机制和党建联系点制度，全镇领导班子成员联系14个党支部，解决基层党建堵点、难点问题53个。**二是以从严督促强化质效**。对照督查清单，通过听取党支部书记汇报、调阅会议记录、查看台账等方式，全面掌握各党支部对基层党建的安排部署、履行职责、推动落实等情况。将基层党建推动落实情况，作为年度基层党建工作目标考核和党组织书记抓党建述职评议考核的重要依据，实地督查反馈问题63条，发布督查通报6期。**三是以结果运用强化考核**。将考核结果与评先评优、提拔任用、村干部年底实绩考核紧密挂钩，评选优秀党务干部8名，约谈、提醒谈话党组织书记2人，全面压紧压实基层党建工作责任，推动基层党建任务落到实处。

（二）以"三聚焦"为重点，在提质增效上实现新突破

坚持"问题导向"的工作思路和"发挥优势、弥补弱势"的工作理念，着力在补短板强弱项上下功夫。**一是聚焦理论学习"补钙"**。严格落实"第一议题"制度，坚持用习近平新时代中国特色社会主义思想凝心铸魂，召开专题学习会、职工学习会，引导全镇干部职工深入学习党的二十大精神；组织机关全体党员前往段坪村、小林村烈士墓

开展党性教育，引导全体党员干部忠诚拥护"两个确立"，不断增强"四个意识"，坚定"四个自信"，做到"两个维护"。**二是聚焦基层基础"固本"**。选优培强基层组织带头人，注重村委班子年龄、学历等搭配合理、结构优化，储备村级后备力量32名；充分发挥村党组织书记在乡村振兴中"领头雁""排头兵"作用，组织开展村党组织书记"擂台比武"讲经验、晒亮点、展成效，进一步激发村党组织书记干事创业内生动力；严把党员入口关，重点从致富能手、外出务工经商人员、返乡创业人员、大学毕业生、复员退伍军人、专业合作社骨干中发现"苗子"，深入了解考察其政治觉悟、思想意识、品德操守，镇领导班子直接参与联系培养工作，进一步强化政治引领。**三是聚焦基层治理"增效"**。健全村党组织领导下的村民自治机制，用好管水协会、管路协会、红白理事会等自治组织，通过设立"水管家""路长""和事佬"等岗位，劝阻"无事酒"、整治"豪华墓"，协调处理各类矛盾纠纷问题38个，不断提升治理水平和服务群众能力。

（三）以"四个一"为路径，在载体创新上取得新成效

坚持创新载体，推动基层党建工作提质升级。**一是做强一个品牌——"三亮一争"品牌**。持续在广大党员中深入开展"亮身份、亮职责、亮行动，争当先进"活动，加大"三亮一争"党建品牌创建力度，推行无职党员设岗定责工作，将"红岩先锋"指数积分与新时代文明实践积分管理相结合，引导无职党员带头参与社会管理，充分发挥示范引领作用。在党建示范村泉坪村设置党员"红岩先锋岗"，有效协调解决邻里纠纷、饮水矛盾，为群众代办砍伐证、准生证等事项，群众满意指数、幸福指数显著提升。**二是完善一个体系——"网格+"治理体系**。立足实际，结合《奉节县党建统领网格化治理方案》，不断完善全镇"网格+"治理体系，完成各村"1+3+N"网格力量配备，制定网格员"任务清单""责任清单""服务清单"3张清单，明确网格员职能职责。**三是成立一支队伍——"红岩先锋党员服务队"**。全

党员干部宣讲

镇135名镇村干部,进民居庭院、进田间地头、进手机微信群等,将政策法规、环境治理、乡村振兴等内容,以通俗易懂的语言、具体生动的案例全覆盖宣讲,切实解决群众急难愁盼问题。为群众当好"宣讲员""服务员"。开展群众会、院坝会75场,解决群众种植养殖问题17个、饮水问题9个,避免经济损失50余万元。**四是探索一种模式——"公司+合作社+集体经济+农户"模式**。发展形成黄桃、晚熟脐橙、生猪3项主导产业,构建起集体与群众新型利益联结纽带,推动基层党建和产业发展"双提升"、集体经济和群众收入"双增加"。截至2023年上半年,实现年收入10万元以上的集体经济组织6个,已带动2 000余农户户均年增收1 000元以上,带动50余无劳动力户户均年增收3 000元以上。

(四)以"三个坚持"为手段,在攻坚克难上取得新进展

坚持以刀刃向内的勇气自我革命,破除形式主义,创新理念,推进基层党组织建设整体提升。**一是坚持党员教育"做实做活"**。将学习强

汾河镇产业图景

国平台作为强化理论武装的"掌上课堂",开展党员"讲学比晒"系列活动,掀起了比学赶超的热潮。以重要节日为教育契机,采用"3+X"模式设计好每次主题党日活动,努力改变"一人讲、大家听"的单一形式,实现参与人员的最大化和活动形式的多样化。**二是坚持干部管理"严在平常"。**每周组织党员学习各级纪律要求和通报,观看各类警示教育片。整顿部分党员干部工作执行力和效率不高等问题,2023年上半年开展作风督查6次,警示教育2次,通报批评2名镇村干部,就重点问题召开专题民主生活会1次,不断打造忠诚、干净、担当的干部队伍。**三是坚持定期回头看"会诊开方"。**各联系村领导每月到对村开展调研指导和分析研判,组织各党支部梳理"回头看"问题,分类制定问题台账和整改方案,以清单管理、销号推进等方式全部完成整改。深入推进软弱涣散党组织排查整顿,2023年年初通过对14个村"两委"班子研判,将大坪村纳入软弱涣散党组织进行整改,健全完善"一支部一方案一台账",实行闭环式清单化销号管理,确保整顿工作高标准、高质量完成。探索开展党员队伍质量提升行动试点,对白水社区75名党员逐一进行排查，建立完善党员基本信息台账，全面摸排找回失联流动党员 1 名，发现相关问题线索党员 2 名，并通过组织生活会、党员民主评议等，进一步增强党员归属感，切实发挥党员先锋模范作用。

三、启示

（一）抓住党建统领这个核心

创建新时代"红岩先锋"变革型组织必须坚持党的领导。做到"三个好"是抓牢农村基层党组织建设的关键，即选对一名好的党支部书记、配强一个好的班子、打造一支好的党员队伍，充分发挥党组织的战斗堡垒作用和党员的先锋模范作用。只有党组织和党员引领发挥作用了，群众才能真正地动员起来、组织起来，打造新时代"红岩先锋"变革型组织才会有力量、有支撑。

（二）抓好示范引领这个路径

坚持以点带面，全力将泉坪村、落阳村打造成党建示范村，将大洪村打造成基层治理示范村，其余 11 个村分领域各打造 1 个亮点示范，评选 2 个五星党支部、5 个四星党支部，通过召开现场会、观摩学习等方式，发挥示范引领作用，确保基层党组织学有榜样、干有方向。积极设立党员"红岩先锋岗"，将无职党员设岗定责作为党员"红岩先锋"指数积分管理的重要依据，大力开展"两优一先"表彰活动，激励鼓舞广大党员干部以先进为标杆，奋发进取、创先争优。

（三）抓实为民服务这个根本

要充分突出群众的主体地位，始终坚持以人民为中心，解决群众的急难愁盼问题，疏通群众的痛点、难点和堵点，严格落实兜底保障，不断提升村民自治水平，发挥村规民约作用，不断实现群众自我管理、自我教育、自我服务和自我监督。

"三个着力"打造"红色热土"

红土乡

一、背景

红土乡坚持以习近平新时代中国特色社会主义思想为指导，大力弘扬伟大建党精神和红岩精神，认真贯彻落实市委、县委要求，聚焦打造学习型、开放型、创新型、服务型、效能型组织，以"八张高分报表""八张问题清单""五项机制"为实施路径，推动制度机制、观念认识、组织形态、能力素质、作用发挥、服务体系、运作方式、团队文化、纪律作风9项变革，基层党组织全覆盖分类创建新时代"红

红土乡场镇风貌

岩先锋"变革型组织,形成党组织总揽全局、协调各方、齐抓共管的良好局面。

二、做法和成效

（一）着力加强组织建设，提升组织向心力

把建强组织作为打造新时代"红岩先锋"变革型组织的根本前提，全力提升组织建设标准化、规范化水平。**一是打造模范组织**。以"五基规范""五型示范"为标准，对党支部开展季度"评星定级"，评出五星党支部2个。创新探索"二维码+红色存折"，深化党员"红岩先锋"指数积分管理，评选"红岩党员先锋岗"15个，有效激励基层党组织和党员干部奋发有为、创优争先。**二是提升组织形象**。分村建立党员志愿服务队，结合新时代文明实践，常态化开展党员设岗定责、承诺践诺。把村级公开栏作为展示新时代新形象的窗口，对标规范便民服务中心标识标牌，全面清理公示公开栏，修订完善村规民约，切

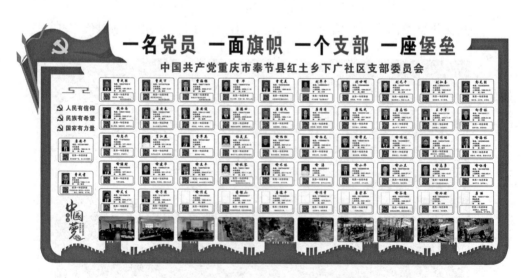

"二维码+红色存折"积分管理党员

实树立村级良好形象。**三是建设清廉支部**。大力推进乡村两级廉洁文化建设，扎实开展"三会一课"、主题党日、组织生活会、民主评议党员等组织生活，积极探索"五亮五促"工作模式，严格落实"四议两公开"制度，常态开展"以案四说"警示教育，推动党员干部自觉强化自律意识、清廉意识。

（二）着力加强队伍建设，提升干部战斗力

立足干部队伍实际，激活干部队伍建设"一池春水"，为打造新时代"红岩先锋"变革型组织注入生机活力。**一是以"关键少数"为头雁领航**。严格落实"第一议题"、民主集中制、"三重一大"等各项规章制度，实行周一党委会议事决策制度，按照"八有"规范开展党委理论学习中心组学习。大兴调查研究之风，班子成员结合工作扎实开展调研，撰写调研报告10篇，切实以"大调研"推动工作"大落实"，实现"大提升"。**二是以党员队伍为强雁带动**。坚持强化理论铸魂，定期分村开展党员集中培训和集体学习11次，组织党员参与"贯彻二十大·奋进新征程"微党课大赛，确保每名党员政治理论学习不漏学、不掉队。建立市级帮扶单位、乡机关、村（社区）三级支部连线制度，南江勘察公司与红土乡开展支部连线活动13次，实现大事共商、组织共建、资源共享。全面加强流动党员管理，建立流动党员微信群，时时了解流动党员学习、工作、生活等情况，收集梳理意见建议21条，提升流动党员助推家乡发展参与度。**三是以"绝大多数"为群雁齐飞**。建立"红土擂台·创先争优"比拼机制，出台《红土乡机关职工量化积分管理考核办法》，推动干部敢为争先、实干争效。健全联系服务村（社区）工作机制，通过党员领导干部到联系党支部上一堂党课、联系村领导每月到联系村召开一次创建新时代"红岩先锋"变革型组织工作例会、每季度研判一次村"两委"班子运行情况"三个一"方式，推动全体党员干部集中力量打造"红岩先锋"变革型党组织。

红土乡"贯彻二十大 奋进新征程"微党课大赛

（三）着力加强体系建设，提升发展原动力

以完善机制体系为抓手，坚持建立健全系列机制体系，推动各项工作不断提质增效。**一是建立运行"一中心四板块一网格"基层智治体系**。积极建设"数字重庆·基层智治"平台，建成基层治理指挥中心1个、村级基层治理中心11个，整合力量分别融入党的建设、经济发展、民生服务、平安法治四个板块，推进多跨业务有序开展。辖区25个网格配齐配强"1+3+N"网格人员104名，同时结合实际划分微网格53个，推动对接帮扶单位干部、机关干部职工全部下沉。**二是健全联系服务企业和群众工作机制**。推出群企需求、辖区资源、商定项目"三张清单"模式，统筹编制服务项目，形成解决实事项目台账。落实专人代办市场主体注册事项，注册企业突破40家，全口径税收达100万元以上；网格长每月召开"院坝会"，切实做到掌握民情、化解矛盾、解决问题。**三是推出"5+N"集体经济发展模式**。构建集体经济龙头带动型、产业链接型、飞地抱团型、项目牵引型、城乡融合型、一二三产业融合发展型的"5+N"发展模式，力争村集体经济经营性收入均达到10万元以上。同时，通过对党建统领产业发展、乡村建设、村集体经济等方面开展"擂台比武"，每月选取1个村（社区）召开现场会，助推全乡集体经济共同发展壮大。

三、启示

（一）要在建强支部上下功夫

打造强有力的党组织是开展好各项工作的前提条件。红土乡结合网格设置重新划分党小组，以党员联系村民小组、院坝，既强化党组织的领导力，也促进了党组织与群众之间的联系，实现党组织和党的工作全覆盖，改变了以往难以吸引党员主动参与党组织活动的局面，切实提高党组织的凝聚力和战斗力。

（二）要在党员干部上下功夫

党员干部是推动工作落实的重要一环，通过多途径、多方式营造党员教育良好氛围，促进党员受教育、受启发。红土乡坚持开展周五"职工大讲堂"，党员主动学习党的创新理论和方针政策。主题党日以座谈交流方式把对党员的教育方式从单向灌输变为双向交流，结合"二维码＋红色存折"对党员实施"先锋指数"管理，切实有效凝聚党员和激发党员活力。

（三）要在体系重塑上下功夫

基层治理千头万绪。"一中心四板块一网格"基层智治体系建设是数字重庆建设整体架构中的基础底座，是打造"红岩先锋"变革型组织的重要抓手。在打造新时代"红岩先锋"变革型组织过程中，红土乡加快推进基层治理指挥中心、村社区基层治理中心建设，配齐设备、整合力量，推进一体化基层智治场景应用，规范高效运行"一中心四板块一网格"，切实推动基层高效治理迈上新台阶。

"青力青为"服务赋能基层高效能治理

青龙镇

一、背景

党的二十大报告指出,"拓宽基层各类群体有序参与基层治理渠道","当代中国青年生逢其时,施展才干的舞台无比广阔,实现梦想的前景无比光明"。市委六届三次全会强调,"党建统领整体智治体系更加成熟","基层党组织有资源、有能力为群众服务"。县委第十五次党代会部署,"不断提高基层治理社会化、法治化、智能化、专业化水平","建成青年友好型城市"。青龙镇大力推行"让更多青年参与到基层治理过程中",始终坚持"青年优先发展"理念,着力发挥镇村两级党组织战斗堡垒作用和青年党员先锋模范作用"两个作用",以源源不断的青春智慧和力量,加快建设青年有责、青年尽责、青年享有的青年发展共同体,打造青年服务赋能基层高效能治理新阵地。

二、做法和成效

(一)织密"科学规范、协同高效"的治理服务"一张网"

"一中心"按照"最小投入代价"要求,加快部署、切实用好一体化治理智治平台,充分发挥青年数字治理能力、推动发展能力,做好人口采集、事件上报、特殊人群管控、矛盾纠纷排查化解等线上线下同步实战应用，推动大数据信息技术与基层治理融合，完成下派任务清单80余项，上报办理网格事件70余项，让习惯数字化处理日常事务形成共识。"四板块"按照"构建扁平化指挥体系、矩阵型管理模式"要求，针对性建立岗位目录、运行机制，落实村社党建统领基层治理联席会议，按照"一人多岗""一岗多人"原则，形成"A岗、B岗领导—岗位人员具体负责"扁平化运转体系，推动结构更优化、运行更顺畅。"一网格"按照"尽量缩小最小治理单元半径"要求，对标实施"1+3+N"模式，科学设置网格25个，配齐配强网格员71名，对表网格事项、专职网格员履职"双清单"，细化29项具体工作任务，实行"现场销号、逐级处理、专班研判"三级问题化解机制，推动党建统领网格治理专项行动走深、走实。

青龙镇学习贯彻党的二十大精神暨政策理论宣讲群众会

青龙镇"青力青为"志愿服务队

（二）组建"真情暖民、点滴为民"的青年志愿"一支队"

建立"青年蓄水池"，结合干部走访专项行动，对35岁以下青壮年进行全覆盖走访摸排，分行业、分领域建立青年人才台账，实施"导师帮带制"加大青年培养力度，滚动实施农村发展党员2年计划，新发展35岁以下、大专以上学历党员不低于70%，全面消除"空白村"，做好团员发展，强化青年人才储备。成立"青年先锋队"，围绕学习宣传习近平新时代中国特色社会主义思想、党的二十大精神等内容，开展青年大讲堂、微宣讲、微党课、知识竞赛等活动40余场次，推动党的创新理论宣讲工作走深走实。围绕政治理论、政策业务、文明礼仪、作风纪律等方面开展"岗位练兵业务比武"活动，引导青年转作风、提效率、强落实，营造勤学苦练、爱岗敬业、争创一流的浓厚氛围。选派一定数量的青年在乡村振兴、产业发展、基层治理等重点岗位上经受磨炼，让青年在火热实践中锤炼品格、增长才干。组建"青年服务队"，服务基层，推行"党支部+共青团+青年服务队"工作机制，聚焦交通、建筑、地灾等薄弱领域，整体提高网格化管理和风险排查处置水平，有效化解基层矛盾纠纷。服务企业，建立青年党员干部联系企业制度，开展"企业大走访大调研"，宣传惠企政策、落实帮扶计划、助力产业发展。服务群众，结合党的建设和志愿服务，常态化开展文艺服务、助学帮教、扶贫帮困、智慧助老、儿童关爱等志愿服务活动，切实为群众办实事、解难事、做好事。

（三）锻造"功能完善、坚强有力"的战斗堡垒"一阵地"

理想信念更加坚定。以机关支部青年党员为核心，打造"1+12"学习网络，通过"线上+线下"的形式开展党的创新理论学习，采取现场教学、主题党日等形式，大力弘扬红岩精神，帮助青年党员树立正确的世界观、人生观和价值观。组织建设更加强劲。建立健全各项

青龙镇大窝景区

制度，形成"每月谈心、季度汇报、年度述职"的青年党员全过程培养机制，突出抓好党支部标准化、规范化建设，从严整顿软弱涣散党组织，以青年党员能力提升带动基层党组织战斗力、凝聚力提升。队伍凝聚更加有力。实施"头雁引领行动"，加强支委会青年力量、创新力量建设，带动支部党员理论修养、党建业务、推动发展、服务群众等能力全面提升，统筹青年党员干部到基层党组织挂职锻炼。截至2023年上半年，全镇基层党组织配备青年干部不少于1人。

三、启示

（一）"青力青为"的作用发挥在于弘扬建党精神

青龙镇青年干部在围绕中心、服务大局中彰显担当作为，以青年干部躬身入局服务基层治理，在斗争一线经历风雨、开阔视野、锤炼本领，践行"请党放心，强国有我"的铮铮誓言。

（二）"青力青为"的效果体现在于青干夯基提能

青年干部服务基层治理，是用实际行动证明自己的价值和能力。青龙镇聚焦青年干部政治锻炼"强基"，突出服务锻炼"赋能"，抓牢治理锻炼"提质"，锚定青年干部在服务基层治理中实现整体质效提升，全力建设一支具备服务现代化建设能力的青年干部队伍。

（三）"青力青为"的根本目的在于推动全面发展

青龙镇抓牢镇村两级青年干部群体，充分发挥青年干部广泛的知识背景和专业技能，让青年干部在推动青龙镇发展的道路上继续闪耀光芒。

"六化"探索乡村发展新路径

云雾土家族乡

一、背景

云雾土家族乡于1993年经原四川省人民政府批准成立,是奉节县成立最早的少数民族乡。辖区旅游文化资源丰富,森林覆盖率达90%,拥有海拔2 123米的"奉节屋脊"猫儿梁、刘家河峡谷、屏峰石林、红椿坝湿地等自然景观。全乡辖区面积80.99平方千米,辖1个农村社区、2个行政村,户籍人口4 526人。3个村社下设有6个党小组,正式党员178名,预备党员3名。2023年,云雾土家族乡深入学习贯彻习近平新时代中国特色社会主义思想和党的二十大精神,全面落实市委六届二次、三次全会工作部署,紧扣社会主义现代化新重庆建设目标,坚持党建统领,充分结合云雾土家族乡优势特色,创新探索"六化"路径,勠力打造新时代"红岩先锋"变革型组织。

但在探索乡村发展新路径过程中,云雾土家族乡面临诸多难题亟待解决。

(一)基层党组织凝聚力不足

一是农村党员发展难。大量年轻人、能人流出,党员发展对象少,发展质量参差不齐。二是党员先锋模范作用发挥不明显。普通党员参与村级事务积极性不高,建言献策不足,部分村社耕地保护、乡村治理等工作进度滞后。三是党支部凝聚力不足。码头村、屏峰村等党支部成员年龄偏大、文化水平不高,落实和开展党建工作面临很多困难,有些村"两委"干部只讲"经验主义",缺乏创新意识。

（二）党员教育管理弱化

一是部分党支部存在"重业务、轻党建"思想,"三会一课"、主题党日等活动流于形式,对习近平新时代中国特色社会主义思想和党的路线方针缺乏系统深入学习。二是基层党组织阵地建设不足,部分硬件设备成了"摆设",党建活动内容单一,缺乏资源整合和主题挖掘。三是党员管理难度加大,全乡65岁以上党员46人,流动党员17人,困难党员帮扶机制不完善,日常管理和送教上门难度加大。

（三）村级自治能力偏低

一是受市场化程度低、政策激励不足等影响,村级组织对本身发展思考不多、投入不足,大多依附乡级组织,发展能力和自治能力未得到彰显。二是受老旧思想和发展观念影响,群众对村集体经济认同感不

屏峰石林

强、参与度不高，村集体经济抗风险能力比较弱，集体经济组织成员权利得不到有效保障。三是基层党组织"领头雁"作用发挥不好，部分党员干部发展村集体经济思路不清、办法不多，过度依赖政策性补助，存在不同程度的"等靠要"思想，三个村集体经济发展差距明显。

二、做法和成效

（一）党员教育"推陈出新"，推动党员干部"观念现代化"

一是搭建线上"云课堂"。 云雾土家族乡积极探索创新党员教育方式方法，充分结合互联网学习平台，以重庆干部网络学院、学习强国、七一等App为依托，建立"渝快政"学习交流群，早晚按时推送最新"学习套餐"，让主动学习变成一种习惯。**二是举办线下"读书会"。** 各党支部认真开展"三会一课"、主题党日等活动，利用支部党员大会、党小组会，讲理论、谋发展，将"党员创新力"纳入党员教育重要议程，引导党员干部导好航、掌好舵，保证推动"观念现代化"，打造"学习型"组织的正确航向，提出有效建议20余条，为各村集体经济发展贡献了党员力量。

（二）党建统领中心工作，推动基层组织"工作体系化"

一是从细强化党建工作意识。 坚持把抓好党建作为最大的政绩，践行"党建是最大的业务"系统思维。党委主要负责同志坚持每月召开党委会听取党建工作汇报，定期研判党建工作成效。2023年上半年，云雾土家族乡全面从严治党考核一、二季度分别为绿色和蓝色。**二是从实加强党员队伍建设。** 坚持早调研、早摸排、早谋划，创新实施发展党员"源头工程"，变"等上门"为"领进门"，开展入党积极分子思想主题教育7次，新发展入党积极分子2名、预备党员3名。开展村（社区）支部书记"擂台比武"，设立3个政策宣传岗、6个乡风文明岗等"红岩先锋岗"，鼓励党支部书记带头当"红色导师"，引导党员做表率争先进。

（三）持续加强法治组织建设，推动基层组织"运行法治化"

一是思维先行，强化法治实践。持续推进法治教育常态化，实行党员领导干部讲党课制，党组织书记一季度至少讲1次党课。引导激励党员干部自觉运用法治思维和法律手段，积极参与基层治理。2023年，有效调解化解矛盾纠纷10余起，评选出15户优秀家庭模范，营造村民共建文明新风、法治环境的良好氛围。**二是制度约束，强化法治保障**。坚持立足"党要管党、从严治党"要求，制定《云雾土家族乡法治建设方案》《云雾土家族乡关于促进执法规范的通知》等制度。乡纪检委成立工作专班，坚持从严监督管理干部，实行"半月监督"机制，健全干部选拔任用全程纪实制度，切实加强对干部的考察考核，提升干部法治思想力、法治行动力。

"人大代表+乡贤"议事会议　　　　党员干部协调化解矛盾

（四）切实提升干部工作效率，推动基层组织"管理扁平化"

一是基层管理板块化。建立云雾乡基层治理指挥中心，按照"一人多岗""一岗多人"原则，构建云雾土家族乡基层治理"四板块"工作组，将相关业务站、所、室全部纳入对应板块，每个板块均确认A/B岗领导和工作人员，在同一系统构架基础上实现不同业务

土家女儿会

不同板块协同高效办理业务，打通使用板块内所有人员，推进多跨业务顺利开展。**二是网格划分精细化**。按照常住人口不超过500户1 000人，将各村社划分为2个网格，设立党小组，配置"一长三员"。乡领导担任网格指导员，对网格进行具体工作督促和指导，实现重点人员、重点场所全覆盖走访，有效做到"小事不出村、大事不出乡"。2023年，高效组织党员参与抢险救灾2次，参与2023年土家女儿会安全维稳和后勤保障工作，常态化开展新时代文明实践活动、村庄清洁等活动。

（五）统筹利用数字信息平台，推动基层组织"平台数字化"

一是实现"基层智治"全面覆盖。上线运行"渝快政"——"一体化治理智治平台"，按照"党的建设""经济发展""民生服务""平安法治"分板块下派任务和上报事件，高效调度村（社区）指挥室10余次，迅速发布指令20余条，大幅提升了党建统领基层治理能力。二

一体化治理智治平台

是打破"一墙之隔"信息鸿沟。借助数字网络技术开展党建工作,充分利用市级党员教育融媒体平台,指导各党支部认真开展党员远程教育,及时录入"三会一课"、主题党日等活动开展情况,悉数掌握党支部工作动态,并做到时时提醒。

(六)发挥支部战斗堡垒作用,推动基层组织"能力实战化"

一是打造实战化先锋团队。搭建"微心愿"平台,开展"党员先锋在行动"活动,由村(社区)"两委"班子、优秀党员组成3支志愿者队伍,承担走访摸排等艰苦繁重的任务。鼓励全体党员干部通过亮明党员身份、公开党员承诺、展示党员形象,走访脱贫户、困难户180余户,帮助解决民生实事20余件,进一步激发党员力量。2023年上半年云雾土家族乡社情民意调查满意度排名全县第三。**二是完善实战化体制机制。**制定《云雾土家族乡"红岩先锋"指数评价管理实施细则》《云雾土家族乡村(社区)党组织评星定级实施方案》,对党建实战化工作成效进行综合评价,树立目标导向,开展"亮身份、亮承诺、亮形象"行动,加强实战考评,激发党员干部干事创业热情。码头村成功荣获重庆市第四批美丽宜居乡村。

三、启示

（一）坚持党建统领，统一凝聚思想共识

要打造好新时代"红岩先锋"变革型组织，必须全面学习、全面把握、全面贯彻党的二十大精神，认真学习贯彻习近平新时代中国特色社会主义思想，认真落实习近平总书记对重庆所作重要讲话和系列重要指示批示精神，坚持党建统领，保持稳中有进、争先排位的良好势头，把各党支部锻造得更加坚强有力。

（二）坚持问题导向，全面强化学习本领

坚持党的领导是中国式现代化的本质要求，必须进一步锻造政治领导力。严格落实"第一议题"学习制度，建立理论学习常态化、长效化机制，通过理论学习指导实践、推动发展。健全以党内监督为主导、各类监督贯通协调机制，树立"问题发现靠党建、问题发生查党建、问题解决看党建"的工作格局，推动党的全面领导横向到边、纵向到底，以党的全面领导引领效能整体跃升，不断提高党员干部政治判断力、政治领悟力、政治执行力。

（三）准确把握全局，主动识变应变求变

要从全局出发考虑问题，要善于运用总体方法来进行战略谋划，树立"一盘棋"思想，依托云雾土家族乡独特的气候资源和丰富的林业资源，持续擦亮"三峡凉都"和"土家康养"两张名片，推动云雾旅游高质量发展，做强做优"林下经济"，建设宜居宜业和美乡村。积极探索"林+N"发展模式，推进"三变"改革，大力发展林药、林菌、林牧、林产品加工"四林"经济，变资源为资产；发动辖区居民将闲置住房改造成民宿，打造纳凉点，变"凉资源"为"热经济"，真正实现组织强、产业兴、乡村美、百姓富。

"六红举措"激发组织活力

兴隆镇

一、背景

兴隆镇深入领会把握新时代"红岩先锋"变革型组织创建内涵，锚定打造学习型、开放型、创新型、服务型、效能型组织总目标，结合本地实际，不断细化工作措施、明确职责任务、强化组织保障，探索实施"六红举措"，有效促进各党支部和全体党员踊跃学红岩、树先锋、求变革，持续激发新时代"红岩先锋"变革型组织创建活力。

二、做法和成效

（一）红色基因铸魂

坚持生成性学习，以"固定课堂+第一议题"双学模式、"主干提能+后备夯基"双训模式以及"微阵地宣讲+互动式宣讲"双讲模式建立健全常态化学习机制，开办"先锋青年大讲堂"、举办"书香支部"读书活动等，用党的创新理论武装头脑。全面落实"第一议题"制度，结合中心组学习、"三会一课"等，2023年9—10月共组织开展集中学习10余次，召开院坝会20余场次，推动学习教育入脑入心，增强党员干部理论素质。开设"板凳课堂""小广场课堂""田间课堂"等情景宣讲，用党的创新理论浸润民心，让党的好声音进基层聚民心。

回龙村板凳课堂

（二）红色堡垒强基

建强基层党支部战斗堡垒，持续巩固自身建设，按照每级组织都强、每个单位都强、每名党员都强、每项工作都强的"四强"目标，健全乡镇党委主导、村社支部主战、党员干部主力的"层级架构"。在机关党支部、回龙村党支部率先开展党组织标准化、规范化样板建设，深化"三晒两创一评"和党组织评星定级"赛马"比拼，全面推行党员"红岩先锋"指数积分管理，推动23个村（社区）党支部和党员争先创优，持续激发内生动力。各级组织驾驭复杂局势、发现解决问题、切实担当履职"三个能力"显著增强。

（三）红色标杆帮带

坚持"党建统领经济发展、产业带动致富增收"理念，聚焦产业发展、乡村旅游等方面，4个村探索"支部＋支部"结对共建，12个村实施"支部＋企业"协同联建，7个村实行"党员＋农户"带动共富，壮大村集体经济发展。同时，三角坝等5个村集体经济组织探索抱团发展新路径，筹集资金200万元联合组建公司，持续增强村集体

开展党员志愿活动

经济"造血"功能。引导党员致富示范户、"土专家"、"田秀才"发挥传帮带作用,在田间地头开设"致富课堂",常态化开展中药材栽植技术和田间管理、农家乐经营等咨询指导培训服务;建立党员帮带机制,党员致富能手一对一帮带困难党员和脱贫户,帮助他们掌握致富技术要领,增强致富信心能力。

(四)红色网格智治

以"党建扎桩·治理结网"党建统领基层治理现代化改革为抓手,积极推进乡村高效能治理。划分微网格,成立网格党小组60个,选优配强"一长两员",在网格内推动成立管水护路、红白理事会等治理协会20余个,近来共开展志愿活动40余次、调停化解基层矛盾27件。制订微规则,推动23个村(社区)修订完善村规民约、家规家训、议事规则、管水管路等细则,实现治理从他律变自律。激活微动能,通过支部牵头、党员带动、群众参与,开设"乡贤开讲""老兵说法",建立"阳光议事厅""民情议事厅",推动党员成为维护社会稳定、助力基层治理、推动平安创建的主力军,形成网格治理强大合力。

（五）红色阵地培元

以"一家一基地"为抓手，建好退役军人之家，加强思政建设，打造"光辉历程"党史、军史主题长廊，展示建党、建军以来的重大历史事件和丰功伟绩；建设主题荣誉墙，展示战争年代老党员和老兵英勇事迹、当代党员先进事迹；建好烈士墓红色教育基地，深挖英烈事迹和精神，讲好英烈故事。进一步发挥传承红色基因、弘扬英烈精神、教育党员群众的红色阵地作用，遴选 12 名思想觉悟高、政治素质好、有一定宣讲能力的党员组建宣讲队。2023 年共开展红色故事进村社、进学校、进广场宣讲活动 5 次，培育广大干群爱党、爱国价值取向和家国情怀。

（六）红色品牌领航

聚焦"一区四镇"工作目标，以国家级旅游度假区创建、党建工作、产业发展、农旅融合、基层治理等方面为重点，深入实施"一村一品"行动，推动 23 个村（社区）各培育 1 个"党建+"特色品牌。创新工作思路、创新内容载体，持续擦亮"三晒两创一评"特色党建品牌，开展"擂台大比武"活动，唱响回龙村"四家治村"、荆竹社区

兴隆镇场镇

"331"管水法、川鄂村"四水自治"管水法、杉木村"三长+N员"管路法等品牌，全力培育三桥村"一网四联"、友爱村"邻里友善·互助互爱"等党建品牌，以"红色品牌"激活驱动乡村发展"红色引擎"。

三、启示

（一）思想观念变革是推动转型发展的前提条件

没有思想的大解放、观念的大转变，就没有改革的大突破、发展的大跨越。推进新时代"红岩先锋"变革型组织创建必须解放思想、大胆创新，以刀刃向内的勇气推进思想观念变革，把解放思想、更新观念作为推动工作的先导，深入开展党的创新理论学习、宣讲，推动党的创新理论"飞入寻常百姓家"，切实增强理论武装"思想引领力"。

（二）基层堡垒建设是推动转型发展的坚实基础

建设新时代"红岩先锋"变革型组织的首要条件是把各级党组织建设得更加坚强有力。聚焦各基层党支部提升变革重塑能力，有针对性地加强干部的思想淬炼、政治历练、实践锻炼、专业训练，激发主动变革、引领变革的创造性张力，增强干部推动高质量发展本领、服务群众本领、防范化解风险本领。抓牢党员管理教育这一关键环节，强化分类管理，督促流动党员做好流出报告、流入报到等工作，加强流动党员管理，深化在职党员"双报到"制度，实施党员"红岩先锋"指数积分管理，全链条建强党员队伍。

（三）重塑工作体系是推动转型发展的重要依托

按照打造新时代"红岩先锋"变革型组织相关要求，基层党组织需要积极主动适应新形势、新要求，迭代升级思路、创新工作方法，以加强党的全面领导、党的建设和全面从严治党为主线，打造工作品牌，健全常态化管理制度，提高工作效率和执行力，增强组织力和凝聚力。

第五章 党建赋能治理：以党的建设促镇街善治

推行"党建统领院坝治理"
推动乡村振兴治理有效

康乐镇

一、背景

习近平总书记强调："要加强和创新基层社会治理，使每个社会细胞都健康活跃，将矛盾纠纷化解在基层，将和谐稳定创建在基层。"为解决基层治理党员先锋效益不显、群众参与率不高等问题，切实把党的领导融入基层社会治理，康乐镇创新推行"党建统领院坝治理"基层治理模式，充分发挥支部引领作用，带动党员、乡贤发挥力量，切实构筑好基层社会治理"桥头堡"，形成社会治理有效合力。康乐镇铁佛村先后被命名为"全国文明村镇""重庆市基层党建示范点""重庆市一村一品示范村""重庆市乡村治理示范村"，铁佛脐橙专业合作社被评为"全国百强合作社"，推广的"四统两分一保底"管理模式被农业农村部评为典型案例在全国推广。

二、做法和成效

（一）选"乡贤能人"，为基层治理添活力

一是合理分院坝。按照人口密度、院落分布等因素，各村根据社情实际，将全村划分为8—14个院坝。村党支部、村民委员会按照区域特色，整合资源优势，开展产业发展、乡风文化、治安稳控等方面差别化治理。比如，对铁佛村云盘包、油库包等主要发展脐橙产业的院坝，院坝长主要组织开展农技培训、田间教学等活动；对长沙村团包等人口密集的院坝，主要开展乡风文明系列活动。**二是切实建体系**。由支部书记兼任全村总院坝长，定期举办院坝长素质提升培训活动。各院坝在村干部见证下，自主选举跟党走、能力强、有威望的党员、乡贤担任院坝长，实行"一院坝一档案"规范管理。每个院坝建好三个站（政策宣传站、矛盾调解站、民生服务站），常态化开展"四访""四议""四门"等行动。土坎村高梯子、铁佛村油库包等院坝被评为最美院坝，受到群众广泛好评。**三是分级行管理**。实行村党支部书记负总责、村干部包院联系、院坝长对接居民的管理机制。院坝长充分发挥探头和前哨作用，汇总收集院内产业发展、户厕改造、道路修建等需求和意愿，对群众需求、矛盾纠纷等问题及时上报、及时处理。2023年上半年，收集汇总各院坝农户需求128条，顺利推进实施产业发展、环境治理、水利建设等各类项目37个，调解矛盾52个。

（二）树"院规家训"，让乡风文明有抓手

一是集中讨论树院规。在村干部的见证下，各院坝院坝长组织群众开展村规民约讨论会，收集各类人员意见建议，共同讨论通过孝老敬亲、门前三包等院规院训，树立文明、节俭、平安、依法的新型风俗。**二是明晰责任保平安**。院坝长带头签订《安全责任书》《移风易俗承诺书》等，明确各院坝内农户安全责任、互助义务，提醒群众安全生产和灾害防范注意事项，对地质灾害点附近群众确定大雨期间避险点，在暴雨前电话通知住户转移。镇村干部定期组织党员、地灾员、安全员检查农户房屋煤气罐、杂物摆放等安全隐患。该模式运行以来，共排查各类安全隐患69个，组织应急避险8次，辖区未发生较大安全事故。**三是美丽家风进日常**。以新时代文明实践活动为平台，每季度开展"红黑两榜"评比，对四星农户和美丽院坝进行红榜表扬，对脏

康乐镇南天村航天茶园

康乐镇土坎村人居环境改造

乱差和不文明行为实行黑榜曝光，累计开展红黑榜评比5期，开展文明共建活动48场次，全镇人居环境得到极大改善。

（三）解"矛盾纠纷"，促邻里关系更和睦

一是党员公开亮身份。在各院坝党员门牌上悬挂党员之家标识，引导党员带头开展环境卫生治理、垃圾分类、院坝讲学等活动，带动全村形成浓厚的学习氛围。实行"1+10"党员带动发展模式，1名党员带动10户农户发展产业，充分发挥示范带动、政策拉动、技术推动、利益驱动等方面作用，解决农户产业发展难题，激发群众参与发展积极性，形成浓厚的产业发展氛围。**二是院坝现场解纠纷**。建立起"院坝调解室—社—村"三级联动调解机制，深入开展矛盾纠纷排查化解工作，采取"每日收集—定期研判—限时整改—督查检查"闭环管理模式，以矛盾纠纷"源头化解"为目标，实现"小事不出院坝、大事不出村"。铁佛村蛮王寨道路扩建项目需占57户农户脐橙老树300余棵，院坝长通过院坝议事的形式给百姓讲明政策，得到群众广泛支持；在干旱时节，李坪村黄泥巴坪院坝长组织该院坝13户居民自己找水源、修水池、定标准，被县水利局挖掘为典型案例在全县推广。**三是镇村互动化疑难**。镇平安办牵头建立各村"综治"微信工作群，宣传村规民约修订、法律援助办理等知识，各院坝长定期通报矛盾纠纷化解及院内村民违反村规民约行为。2023年上半年，共开展院坝法律知识讲座34场次，开展清洁家园评选17次，化解矛盾纠纷52个，解决群众实际困难16个，不断增强群众获得感、提升群众满意度。

三、启示

基层治理是国家治理的基石。统筹推进乡镇（街道）和城乡社区治理，是实现国家治理体系和治理能力现代化的基础工程。做好基层治理要坚持党的领导、强化治理队伍、引导群众自治。

（一）要坚持党的领导

基层党组织是贯彻落实党中央决策部署的"最后一千米"，具有把脉定向、领航掌舵的作用，党的建设水平直接关系基层治理的质量。因此，做好基层治理要坚持党建统领，切实加强基层党组织建设，对村班子要选强配优，并保证一定量的后备队伍，切实提升村两委为民服务效能，把加强党的建设、夯实党的执政基础贯穿基层社会治理全过程和各环节，构建党组织领导的自治、法治、德治相结合的基层治理体系。

康乐镇铁佛村蛮王寨景区

（二）要强化治理队伍

基层治理队伍能力的高低、作风的好坏，直接影响到基层治理、乡村振兴大局。因此，基层治理要充实基层治理骨干力量，加强基层党务工作者队伍建设，充分发挥村内各类人员力量，积聚农村发展的强大合力，实现支部引领、党员带头、乡贤示范、"N大员"联动、新农人聚集、产业大户带动、能工巧匠参与、外出老乡支持、在校大学生融入、集体经济组织牵引的有机互动，形成党建统领、全员参与、联动振兴良好局面。

（三）要引导群众自治

群众既是基层社会治理的参与者，也是基层社会治理的受益者。要充分发挥群众主体作用，不断激发其内生动力，进一步提升基层治理效能。从"党建统领院坝治理"的实践中可以看出，党员、乡贤以及在当地有一定名望的老人在基层治理中有不可忽视的力量。通过院坝议事、院坝讲学等形式，让政策宣讲成为群众休息时的闲谈，在潜移默化中调动村民参与村务的积极性和主动性。通过让"院坝长"做"中间人""吹哨人"，在村干部和村民之间架起一座"连心桥"，能有效增强农村发展的凝聚力和向心力，形成乡镇党委政府主导、村两委引导、院坝长协调、群众参与的和谐氛围。

打造"五维党建"品牌矩阵助力基层治理

大树镇

一、背景

习近平总书记强调,"党的工作最坚实的力量支撑在基层","党的基层组织是党的肌体的'神经末梢',要发挥好战斗堡垒作用"。大树镇以深入贯彻党的二十大精神为主线,聚焦发挥党组织战斗堡垒作用,围绕打造新时代"红岩先锋"变革型组织,统筹党群力量,整合党建资源,积极探索党建统领基层治理新路径,探索形成"机关党建、民生党建、产业党建、巾帼党建、庭院党建"5个党建品牌矩阵,在全县开创"兴业兴城·强县富民"崭新局面中贡献大树力量。

二、做法和成效

（一）坚持铸魂提能,打造"机关党建"强队伍

以打造政治、素质、能力过硬的干部队伍为目标,强化干部思想,凝聚职工合力。**一是思想淬炼强素质。**严格落实"第一议题"制度,扎实开展"三会一课"等活动,开展班子领学、支部联学、分层研学、个人自学、实战检学"五学联动",举办干部职工大讲堂,讲理论、讲

大树镇风景美如画

业务，推动干部思想转变。**二是丰富活动聚合力。**发挥工会、团委等群团组织作用，开展形式多样的文化体育活动，举办"三八妇女节游学"、运动会等系列活动，凝聚职工合力。**三是引练结合育人才。**开展先锋引领岗位练兵比拼行动，评选"最美标兵"，鼓励职工积极参与市、县赛事活动。通过以赛促学、标兵引领，培养优秀干部职工，激发干部职工爱岗敬业、唯实争先。

（二）坚持人民至上，打造"民生党建"暖民心

牢记为民服务宗旨，积极开展"惠民暖心优服务"活动，提升群众满意度。**一是建好服务阵地，便民服务连民心。**建好便民服务中心阵地，优化便民服务中心功能，常态化开展新时代学习大讲堂、健康义诊、慢性病防治、防范电信诈骗讲座等活动40余场，办理民生救助、心理咨询、矛盾调解等服务120余件，让便民服务中心更有温度。**二是关爱重点人群，真情服务暖民心。**聚焦"一老一小、

残弱病困"重点群体,把惠民、利民举措送到群众的心坎里。针对老年群体需求开展上门送药、理发等服务 80 余次;针对留守儿童,开展关爱留守儿童行动;针对残弱病困,积极开展医生巡诊、上门代办等服务 200 余次,真正做到惠民暖心。**三是网格力量全覆盖,下沉力量惠民生**。织牢织密全域网格,打造"党支部—网格党小组—党员干部"网格服务体系,推动 38 名网格员下沉服务、收集群众诉求、处置矛盾纠纷等。强化群众诉求反馈处置机制,建立"反映—研判—落实—反馈"问题闭环管理机制,解决群众关切的问题 100 余件。

(三)坚持头雁引领,打造"产业党建"促发展

发挥党建统领作用,发展特色产业、促进集体增收、带动农民致富。**一是坚持党建统领,优化产业布局**。建立"基层党组织+龙头企业+集体经济+农户"产业发展模式,布局"六园一基地"产业,发展脐橙 5 100 亩,中药材 1 200 亩,小水果 2 800 亩,老鹰茶 400 亩,花椒 1 700 亩,蚕桑 500 亩和 1 个生态养殖基地。**二是集体经济领办,多方共同发展**。鼓励基层党组织负责人领办合作社,统筹利用集体资金、群众土地等,推进"集体+合作社+农户"模式,实现共同发展。重点突破老鹰茶营销,夔山里老鹰茶品牌通过 SC 认证,在多家电商平台成功上架,年产值超 100 万元。**三是乡贤助力,释放产业发展效能**。鼓励乡贤反哺家乡,探索产业合作路径,发挥"乡贤带乡亲"作用,提高乡贤产业的辐射和带动作用。截至 2023 年上半年,已有 10 余名乡贤回乡投资创业,覆盖了种植业、养殖业、电商等 5 方面产业,带动周边 80 余人务工。

(四)坚持党建统领,打造"巾帼党建"展风采

搭建巾帼平台,鼓励女党员、女代表等发挥作用,展现巾帼风采。**一是"初心"引领,坚定信念跟党走**。选派 25 名妇联执委成立大巾帼

工作人员介绍大树老鹰茶

理论宣讲团,开展"巾帼心向党·贯彻二十大"等主题宣讲活动16场次,引领广大妇女坚定不移听党话、跟党走。**二是"潜心"培育,擦亮"家"品牌**。打造"崇信好家风"品牌,推出亲子教育、家庭关系等服务,全面开展"家风家教大家谈"等家庭文明实践活动,引导党员干部带头弘扬家庭美德,推动家风建设与党建妇联深度融合。**三是"暖心"关怀,真情关爱"老少困"**。充分发挥女性在矛盾调解、困难帮扶等方面的优势,搭建大树巾帼志愿阳光站,组建"16+N"巾帼志愿阳光服务队,聚焦"一老一少一困"开展"四帮五送"暖万家等志愿服务16场次。

(五)坚持共建共享,打造"庭院党建"亮形象

以院落为微网格,强化党建聚民心,夯实法治解民怨,巩固自治体民情,提升德育化民怨,打造"庭院党建"展形象。一是建立庭院

妇女同志在巾帼议事点商议事情

管理新机制。以院落为单位,成立庭院党建服务团,构建"党支部—网格党小组—服务团"管理服务体系,明确服务团政策宣讲、民意调查、矛盾调解、服务邻里的"4+X"职责。**二是打造庭院治理新模式。**结合庭院实际,建立庭院公约,引导规范村民行为,形成良好的自治氛围。设立"庭院议事点",利用晚间7—8点集中时间,聚焦村民关心的问题,常态化庭院议事。对留守儿童等弱势群体进行集中帮扶,将"小庭院"变成"大家庭"。**三是展示庭院党建新风采。**充分利用"庭院议事点",开展"比、拼、赶"活动:营造"比"的环境,适时展示庭院创业成绩;展现"拼"的气势,利用产业基地开展农业技能比拼,将拼搏奋斗挥洒在田间地头;打造"赶"的氛围,定期开展"最美庭院"等评比活动。

三、启示

(一)抓好场景构建是推动变革的重要载体

党建工作作为理论化的观念形态,要转化为鲜活的实践,必须通过一定的载体来实现。大树镇打造"五维党建",将党建工作理论与实践相结合,把党建工作落实充分融入农村工作的各方面,从不同角度切入，深入推动新时代"红岩先锋"变革型组织建设。

（二）夯实基层基础是推动变革的重要内容

基层党组织是联系群众的纽带，只有抓牢基层，发展才有力量。大树镇在推进新时代"红岩先锋"变革型组织创建中，狠抓基层战斗堡垒和党员先锋模范作用，不断优化组织力量，强化服务功能，让群众得实惠。培养优秀干部，建立干部激励机制，调动干部的积极性，使之成为"红岩先锋"变革型组织建设的推动者。

（三）推动经济社会发展是推动变革的重要目标

新时代"红岩先锋"变革型组织创建，要找准变革任务与中心工作的结合点，正确处理好其与促发展的关系，以经济社会发展的成效作为衡量变革成效的标准。大树镇紧紧围绕"六园一基地"、集体经济、基层治理等重点工作，充分发挥基层党组织和党员的作用，为经济社会发展提供了坚强的组织保证。

创建"三优"工作机制
探索基层治理新路径

青莲镇

一、背景

习近平总书记强调,"要强化农村基层党组织职能,把农村基层党组织建设成为宣传党的主张、贯彻党的决定、领导基层治理、团结动员群众、推动改革发展的坚强战斗堡垒"。青莲镇着力构建党建统领下的基层社会治理新格局,聚焦基层党组织战斗堡垒作用发挥不强、服务群众"最后一千米"功能不畅、集体经济发展形式单一等问题,以打造新时代"红岩先锋"变革型组织为抓手,全力探索组织、服务、发展"三优"工作机制,着力强化基层党组织政治功能和组织功能,充分发挥基层党组织战斗堡垒作用和党员先锋模范作用,形成资源、要素、队伍等多方面联动集成,推动党的建设与经济社会发展互促共融。

二、做法和成效

（一）发挥模范带头作用,凝聚"拳头力量"

一是聚焦"关键少数",做好示范引领。党委书记带头抓党建,制定青莲镇"月季年"党委会（专题）研究事项清单,坚持"第一议题"制度,第一时间跟进学习习近平总书记最新重要讲话精神和重要

举办支部连线共建活动

指示批示精神，以"关键少数"带动"绝大多数"。**二是党建例会"轮值"，强化比学赶超**。镇党委创新推行党建例会"轮值"机制，以"一村（社区）一季度一例会"方式轮流召开现场会，围绕党的建设、产业发展、基层治理等重点工作，组织村（社区）干部看亮点、赛成绩、谈经验，在全镇上下营造了"学先进、争先进、当先进"的浓厚氛围。**三是增强党员意识，激发干部活力**。组织村（社区）党支部联合帮扶单位、驻镇单位党支部开展支部连线共建活动20次。在全镇设立"党员安全责任区"40个、"党员先锋岗"55个。探索实行"党员家庭挂牌制"，党员在家门口挂上标识牌，亮身份、树形象，增强党员认同感、自豪感、归属感，提醒党员事事带好头、处处做表率。

（二）激发头雁牵引效应，筑牢"坚强堡垒"

一是打造队伍抓手。以"五心"党建为抓手，建立健全政治引领"聚民心"、平安建设"稳民心"、以人为本"暖民心"、风清气正"顺民心"、群众实惠"鼓民心"五个特色功能党小组，充分发挥基层党组织战斗堡垒和党员先锋模范两个作用。**二是扮亮工作品牌**。整合卫生院、派出所等力量,开展集中便民服务日"大篷车"活动,建立"组团服务、主动服务、上门服务、定期服务"流动服务模式。建立"五心党建一张网、服务群众叫得响"网格化工作平台,科学划分基础网格,配备"五心"网格员,构建"一中心一张网多联户"治理格局,累计摸排化解矛盾纠纷75件,上报矛盾纠纷51件、网格事件38起,有效化解重点人员信访诉求6件,打造党员干部"三服务"2.0版。**三是创新活动载体**。结合新时代文明实践平台,聚焦环境整治、宣传教育等方面,党员带头开展志愿活动,推进志愿服务精准化、常态化、项目化、品牌化,打造"文明实践'白家谈'1234惠民生"等活动品牌。

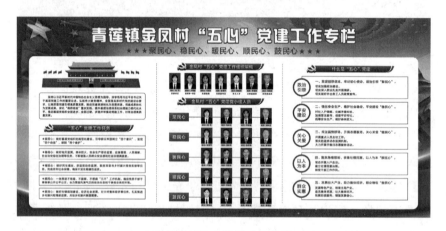

金凤村"五心"党建工作栏

(三)聚焦党建核心统领,优化"保障链条"

一是党建统领兴产业。整合技术、人才、资源,通过党建领路、党员带路、产业铺路,深化村企联建,推动村企供求互补,联合发展肉兔养殖特色产业,采取"支部引领+党员示范+农户自愿"联动式发展模式,通过"党员带头学技术""党员示范"等方式,集成集聚党员群众力量,以点带面辐射带动全镇群众积极参与养殖,切实以党的领导力组织力赋能产业发展。截至2023年上半年,全镇建成投产养殖单元20

村企联建发展肉兔养殖产业

个,创成肉兔养殖县级龙头企业1家,肉兔养殖集体经济项目村(社区)5个,成功培育养殖示范户3户,全镇基础母兔累计出栏量约31万只。**二是党建统领促就业**。创建青莲镇返乡入乡创业园,园区入驻企业达到3家,建成就业帮扶车间5个。重庆盈利红新材料科技有限公司招商项目已成立党支部。实行纵向联动村委会、横向联动企业的网络体系,为辖区内脱贫户提供就业岗位,已解决40余人长期就业问题。**三是党建统领强企业**。实行党员网格化服务,常态化开展大走访,化解军恒农业开发有限公司、唯欣农业有限责任公司等9家企业发展难题15个;积极参与成渝地区双城经济圈建设,组建招商引资团队,主动"走出去"、精准"引回来",不断增强干部适应和引领现代化本领。

三、启示

(一)增强基层党组织政治功能和组织功能是组织体系建设的主要任务

习近平总书记在党的二十大报告中指出,"增强党组织政治功能和组织功能","坚持大抓基层的鲜明导向"。党建工作抓得实不实,一个重要评价标准就是看党委的领导作用、基层党组织的战斗堡垒作用、党员的先锋模范作用是否得到充分彰显、有效发挥。工作中,必须把基层党组织的战斗堡垒作用、党员的先锋模范作用充分调动起来,真正把党的政治优势、组织优势、密切联系群众的优势转化为提升基层治理的效能。

(二)围绕乡村振兴推动经济社会发展是农村党建工作的重要内容

习近平总书记指出,"脱贫攻坚取得胜利后,要全面推进乡村振兴,这是'三农'工作重心的历史性转移"。乡村治理不仅是一个时代性课题,也是新时代实施乡村振兴战略的一项重要内容,更是当前农村工作面临的一项系统工程,直接关系到广大人民群众获得感、幸福感、安全感的提升。要始终贯彻以人民为中心的发展思想,立足资源禀赋优势,明确产业发展思路,打造党建和发展互融的联动,以产业振兴撬动乡村全面振兴,在推动基层发展等任务中主动担当作为,不断增强人民群众的获得感、幸福感、安全感。

(三)将党的主张变为群众的自觉行动是基层社会治理的终极目标

习近平总书记强调,"各级党组织特别是基层党组织要在联系服务群众上多用情,在宣传教育群众上多用心,在组织凝聚群众上多用力"。党建工作说到底是做"人"的工作,要见事、见物,更要见人。要坚持党的群众路线,真诚倾听群众呼声、真实反映群众愿望、真情关心群众疾苦,向群众学习、向实践学习,从人民的创造性实践中获得正确认识,打造党员和群众互促的联动,把党的主张变为群众的自觉行动。

以组织变革"引擎" 促乡村振兴"提速"

鹤峰乡

一、背景

习近平总书记指出,"民族要复兴,乡村必振兴"。进入实现第二个百年奋斗目标新征程,"三农"工作重心已历史性转向全面推进乡村振兴。鹤峰乡坚持把组织振兴作为乡村振兴"第一工程",以打造新时代"红岩先锋"变革型组织为抓手,扎实做好抓基层、夯基础、领发展、强治理工作,着重发挥农村基层党组织的政治优势、组织优势、群众优势,切实转化为乡村振兴的发展优势,不断推动抓党建促乡村振兴提质增效。

二、做法和成效

(一)固本强基优组织,让战斗堡垒强起来

一是建强"一线指挥部"。坚持把基层党组织作为实施乡村振兴战略的"一线指挥部",压紧压实党组织主要负责人"第一责任"。以打造新时代"红岩先锋"变革型组织为抓手,扎实开展党支部评星定级、支部连线共建和干部亮身份争先进、党员亮承诺争示范、群众亮积分争创业"三亮三争"评比等活动,全面提升党支部组织力领导力。**二是绘制"一张施工图"**。锚定"桃源水乡·花果鹤峰"

党员"亮承诺",干部"亮身份"

发展定位,明确"13521"发展思路,编制乡村振兴帮扶规划设计方案,统筹推进乡村生产、生活、生态空间布局,确保乡村振兴一张蓝图绘到底。**三是实施"一套组合拳"**。坚持以制度的刚性约束管人管事,实行每周工作例会、每周青年干部读书会、每半月集中学习等工作制度,落实"清单化管理、提醒式督办、销号式办结"工作闭环机制,从严整顿机关考勤、晾晒评比等工作,促进干部作风转变,提高工作质量。

(二)先锋引领树标杆,让干部队伍优起来

一是选好头雁。牢牢抓住"关键少数",对标能力强、素质高、结构优选配村党组织带头人,树立以工作实绩论英雄导向,实行"五色图"考核管理,每季度对重点工作开展情况赋色公示。制定激励村干部发展壮大村级集体经济实施办法,推动责任落实,积极营造"干部为事业担当,组织为干部担当"的干事创业环境。**二是引好归雁**。聚焦招才引智,组织召开企业家联席会、大学生座谈会,回引党员致富带头人29人,在外乡贤45人,整合资源要素,形成发展合力。**三是育好雏雁**。选育优秀青年后备人才,组织包片领导、包村干部定期入村开展走访研判,及时发现村内的乡贤能人。聚焦"土专家""田秀才",建立乡村振兴人才库进行跟踪培养,累计储备党支部书记后备人选4人,常态化储备村级后备干部40名。

召开企业家联席会,助力壮大集体经济

(三)强村兴业育新芽,让乡村产业旺起来

一是补链强链抓产业。聚力打造全县食品加工基地,推进"1+10+N"园区建设格局。返乡入乡创业园二期建成投用,宏川食品、舒氏杂糖等企业入驻,新增带动群众就业100人,全乡新增食品类规上企业4家,就业帮扶车间7家。2023年食品加工类产值预计突破2.5亿元。实施高标准农田整治和全域土地整治2 700亩,按照"企业+农户"模式,栽植红薯、蔬菜等作物,实现"产加销"一体化,积极发展构建全产业链。**二是联农带农稳就业**。按照种植成片、大户成堆、电商赋能的发展思路,打造千亩百果园、万亩脐橙园,3个示范村发展脐橙、葡萄等种植大户16户,生猪、肉兔等养殖大户21户。重点实施柳池脐橙直采基地标准化果园建设项目、莲花脐橙山地果园全程机械化建设项目、百果园数字化赋能工程3个项目,促进脐橙产业种植标准化、山地机械化、脐橙数字化、销售多元化。全乡新增物流网点7家,建成线上直播基地3个,乡村电商服务站点全覆盖。三

食品加工园开园仪式

是农旅融合促创业。按照"家家有业态、户户能接待、人人都受益"的工作思路,积极盘活集体资产,培育新业态。打造莲花集体经济共富产业园、青杠"水美乡村",创成莲花社区集体经济产业园、百果园两个青少年研学基地。2023年全乡集体经济预计收入达850万元,盈利达110万元,分红达15万元,实现集体村民共致富。

(四)联动集成聚合力,让基层治理活起来

一是基层智治提效能。聚焦"一中心四板块一网格"基层智治体系建设,按照"1+3+N"要求配齐配强网格力量,落实辖区派出所党员民警兼任村(社区)支委委员,实现网格治理三级体系协同、三方力量联动,莲花社区成功预警并妥善处置挡墙垮塌风险隐患。**二是民主法治强支撑。**持续深化"民主法治"基层治理成效,整乡推进"清廉村居"建设,配备公益法律顾问,探索"民主议事、共商村事"乡村治理新途径,打造青杠清廉村居"民主议事点",新建莲花社区廉洁

鹤峰乡美丽乡村一角

文化广场,带动群众参与村级事务民主管理、民主监督。**三是村民自治促和谐。**用好"一约四会""五讲四评一公开",每季度全覆盖召开院坝会,通过讲理论、讲政策、讲法律、讲安全、讲技术,评最美鹤峰人、最美致富带头人、"六好"家庭、美丽庭院等,全面激发群众全面提升自我管理能力,展现和美乡村新成效。

三、启示

（一）组织振兴是乡村振兴的根本保障

习近平总书记强调,"要推动乡村组织振兴……建立健全党委领导、政府负责、社会协同、公众参与、法治保障的现代乡村社会治理体制,确保乡村社会充满活力、安定有序"。推动乡村组织振兴,既是全面推进乡村振兴的重要组成部分,也是乡村振兴的组织体系保障。基层党组织是党联系广大农民群众的桥梁和纽带,是党在农村所有工作的基础,要始终坚持农村基层党组织领导核心地位,在提升农村基层党组织的组织力上下足功夫,把农村基层党组织建设成为宣传党的主张、贯彻党的决定、领导基层治理、团结动员服务群众、推动改革发展的坚强战斗堡垒。

(二)人才振兴是乡村振兴的基础

习近平总书记强调,"人才振兴是乡村振兴的基础","推动乡村全面振兴,关键靠人"。推动乡村振兴发展,人才是基本保障。要牢固树立人才引领发展的战略地位,乡村振兴离不开乡土人才。要坚持引才育才并举、用才留才并重,不拘一格发现人才、因材施教培养人才、各尽其能激励人才,以人才振兴赋能乡村振兴。

(三)产业兴旺是乡村振兴的重点

习近平总书记强调,"产业振兴是乡村振兴的重中之重"。没有产业的农村,难聚人气,更谈不上留住人才,农民增收路子也拓不宽,文化活动很难开展起来。要推动乡村产业振兴,把发展新型农村集体经济作为一项重要任务来抓,解决好发展不平衡不充分问题,补齐农业农村短板弱项,想方设法让乡亲们的"钱袋子"鼓起来,不断增强农民群众的获得感、幸福感、安全感。

(四)基层社会治理是乡村振兴的重要内容

习近平总书记指出,"要深化党组织领导的村民自治实践,创新乡村治理抓手载体,完善推广积分制、清单制、数字化、接诉即办等务实管用的治理方式"。乡村基层治理是国家治理的基石,也是乡村振兴的基础。基层治理现代化是实现乡村全面振兴、满足人民群众美好生活需要的必然要求。要坚持问题导向,找准乡村治理现代化的实现路径,切实加强和改进乡村治理,夯实乡村振兴根基。

做实"三道加法"激活党建统领
网格治理新活力

甲高镇

一、背景

习近平总书记指出,"健全基层党组织领导的基层群众自治机制,加强基层组织建设","完善网格化管理、精细化服务、信息化支撑的基层治理平台,健全城乡社区治理体系"。甲高镇深学笃用习近平总书记关于基层治理的重要论述,坚决贯彻落实中央、市委、县委要求,坚持党建统领,打造新时代"红岩先锋"变革型组织,依托"党建＋网格化""智治＋网格化""服务＋网格化""三道加法",积极探索党建统领网格治理新路径,不断提升精细化治理、精细化服务水平,着力建设充满活力、和谐有序的乡村社会。推动各项工作取得成效,先后荣获"市级休闲农业和乡村旅游示范乡镇""重庆市生态文明建设示范乡镇",烟山村获评"重庆市卫生村""重庆市最美宜居乡村"等荣誉。

二、做法和成效

(一)"党建＋网格化"强化政治引领

一是建强支部夯基础。围绕打造新时代"红岩先锋"变革型组织,创新打造"三亮三树"党建品牌,通过年初亮目标、年中亮进度、年底亮结果,树形象、树标杆、树品牌,推动党组织全面进步、全面过硬。以党群服务中心为主阵地,设置"一站式"综合服务大厅、党员活动室、党群议事厅、积分银行等功能室,开展"乡村振兴大课堂,一名党员一面旗"活动,充分激发党员先锋模范作用,让村级党支部成为帮助农民致富、维护农村稳定、推进乡村振兴的坚强战斗堡垒。

二是组团联社建机制。把党的领导贯穿网格治理全过程,全镇划分为41个网格,实行"一网格一党小组",实现政法综治、应急管理等"多网合一",全面消除党建空白点。实行主要领导包片,联系村领导包村,搭建"1+3+N"模式,即每个网格设置网格长1名,专职网格员、兼职网格员、网格指导员共3名,N名村民代表、公益性岗位人员等其他力量通力协作,组建14支服务队,常态化下沉网格进行结对包片,开展问题摸排、政策宣讲等工作。

三是党员联户强服务。推出党员分类教育管理办法,成立基层治理组、政策宣讲组、环境美化组、产业发展组和党员学习组。探索建立"党员联户、网格联合"联动体系,围绕"党建统领举旗帜、矛盾纠纷格中解、便民服务快捷办",设立84个党群服务点,每名党员联

走访干部认真记录群众反馈的问题

系 10 户群众，开展政策理论宣讲、联系帮带等服务，让"民情在网格中掌握、服务在网格中开展、问题在网格中解决、矛盾在网格中化解"，实现服务群众零距离。

（二）"智治+网格化"提升治理效能

一是提升智治能力。 推进数字化改革，围绕"八张报表""八张问题清单""五项机制"，下发有关甲高镇"五色图"管理办法、机关站所室"赛马"比拼、支部评星定级、党员积分管理机制 4 项文件，实现工作体系、评价体系可量化、可考核。2023 年上半年全面从严治党考核"五色图"为绿色。

二是建强数据平台。 建立"网络+网格"智治体系，充分发挥微信公众号、"渝快办"、民生之声问政平台、小微权力一点通平台、综治中心等作用，加快推进民生事项"一网通办"，畅通村民网上监督、网上举报渠道，将事项下沉至网格，点对点、面对面办结 168 件群众网络请求事项，实现"数据多跑路，群众少跑腿"。

三是创新治理模式。 将管水员、地灾员、护林员等"N 大员"全面纳入网格力量，推行"一村一微信群"模式，实行"群众点单、村级派单、网格员跑单"，全面收集群众诉求。建立网格员"巡诊"、治理中心研判"分诊"、重大突出问题指挥中心"会诊"问题发现处置机制，打造多跨协同的问题应对场景。全镇信访总量同比下降 62%，重复信访率同比下降 86%，"民呼我为"群众凝聚力进一步增强。

（三）"服务+网格化"助力乡村振兴

一是做强一批特色产业。 以支部带动大户、党员带动农户提升群众发展产业的积极性，产业指导网格员常态化开展"农技随访"，指导农户提高产业管护水平。全镇万亩优质稻、万亩油菜花、3 万亩油橄榄"一米两油"特色产业格局初步形成，成功打造雅攀贡米粮油核心区、七斗河油菜花景区、油橄榄特色产业区三大示范区。

万亩油菜花田

二是振兴一批农旅经济。 为推动第五届万亩油菜花赏花季活动成功举办，全镇网格员化身"宣传推介员""交通疏导员""环境整治员""农特产品展销员"等，助力农旅融合发展。2023年赏花季活动累计吸引游客5万余人次，带动30余家住宿餐饮市场主体增收，实现旅游收入200余万元，持续擦亮"市级休闲农业和乡村旅游示范乡镇"品牌。

三是打造一批和美乡村。 结合新时代文明实践活动，整合志愿者、公益性岗位等力量，扎实推进"村庄清洁行动"和"五清理一活动"，紧盯房前屋后、卫生死角等开展专项治理，建立清洁评比"红黑榜"，定期考评公示，创建县级美丽庭院280户。创新"421"场镇管理工作法，实行网格员"定岗定责定区域定奖惩"，全力打造宜居宜业和美乡村。

三、启示

（一）要坚持党的全面领导

要健全抓党建带全局的工作体系，把党建工作充分融入中心工作、重点工作各领域，发挥党建围绕中心、服务大局的作用，推动党建统领基层社会发展。甲高镇正是依托"党建＋网格化"，以创建新时代"红岩先锋"变革型组织、打造"三亮三树"党建品牌为抓手，使党组织的创造力、凝聚力、战斗力更强，党员先锋模范作用发挥得更好，从而为推动网格化基层治理提供了政治引领和组织保证。

（二）要尊重村民自治主体

村（社区）是群众行使民主权利、参与公共事务、实现自我管理和服务的平台。甲高镇通过搭建"1+3+N"网格体系，将村民代表、公益性岗位、管水员、地灾员、护林员等"N大员"全面纳入网格力量，推动"民呼我为"群众凝聚力进一步增强。实践表明，只有尊重村民的主体地位，才能充分调动群众参与村级事务的积极性、主动性，才能凝聚智慧和力量，将村（社区）建成管理有序、服务完善、文明和谐的社会生活共同体。

（三）要用心用力服务群众

甲高镇坚持将服务理念贯穿基层社会治理之中，通过党员联户，努力从解决群众最关心、最现实、最直接的人居环境、产业发展、矛盾纠纷化解等民生问题入手，推动实现基层善治。实践表明，只有把服务群众作为第一职责，努力把党的工作贯穿到社会治理的各个方面、各个环节，才能真正把党组织的政治优势、组织优势和密切联系群众的优势转化为管理服务优势。

"六会治乡"激活基层治理新动能

龙桥土家族乡

一、背景

习近平总书记强调:"要加强和创新基层社会治理,使每个社会细胞都健康活跃,将矛盾纠纷化解在基层,将和谐稳定创建在基层。"龙桥土家族乡大力弘扬伟大建党精神和红岩精神,面对辖区婚丧嫁娶、农村用水、道路管护等基层治理难题,以打造新时代"红岩先锋"变革型组织为载体,积极推动基层治理一体化、联动化、集成化发展,创新构建

龙桥土家族乡风景图

"六会治乡"基层治理新模式，不断增强党组织的联动力、集成力，形成党组织总揽全局、协调各方，协会相互协同、齐抓共管的良好局面。先后荣获全国民族团结进步示范区示范单位、全国"一村一品"示范乡镇、市卫生乡镇、市脱贫攻坚先进集体等20余项国家级及市级荣誉。

二、做法和成效

（一）党建统领建"六会"

面对辖区婚丧嫁娶、农村用水、道路管护等基层治理难题，建立完善"上报—走访—研判—反馈"问题管控闭环落实机制，干部下沉一线进乡村、进田间、进农户，广泛听取和征求群众的意见建议，建立工作台账、形成问题清单，以实实在在的研究整改成果取信于民、服务于民。构建"党建共同体"基层治理新构架，由党委统筹、支部组织、党员带头、群众参与，围绕办"无事酒"、农村用水、道路管护

乡贤理事会协商事宜

等密切关系群众的事，成立红白理事会、管水协会、管路协会、乡贤理事会、民宿协会、场镇管理协会"六会"，调动村民自我管理、依法管理。聚焦党组织战斗堡垒作用和党员先锋模范作用"两个作用"，由村民选举，选配党性强、威信高、身体好、经验丰富、乐于奉献的离退休干部、党员担任"六会"会长，结合实际制定管理章程，定期召开协会联席会议，激发协会发展活力。

（二）民呼我应用"六会"

红白理事会围绕"无事酒"整治，推行支部、党员、人大代表带头执行，红白事规模、菜单、礼金、服务统一标准"三带头四统一"工作法，已整治红白事367场，连续3年无一例"无事酒"。管水协会探索共商共议、共建共享、共管共治"六共"饮水管护机制，明确用水管水权责、水费收取标准等规章制度，实施"专人管水、专人管账"，宣传"漏水记总表、水费平均摊"和"流水才不腐、用水才干净"两个倡导，全乡饮水全覆盖，自来水普及率达99%。管路协会针对农村公路重建轻管、建管脱节等问题，组织村民开展道路清扫、边沟清淤、滑坡清理等工作，牢牢抓住修路、巡路、护路、美路"四个环节"，全乡村（社区）公路畅达率达到100%。乡贤理事会挖掘300名优秀人才进入乡贤人才库，鼓励乡贤积极参与到基层治理、产业发展、环境整治中去，发展高山蔬菜、中药材、肉兔等特色优势产业，带领农民富裕富足。民宿协会持续擦亮"天生龙桥·康养胜地"招牌，规范整改庭院、食宿、厨厕等民宿环境，围绕辖区12家重点农家乐打造民宿产业示范点，连点成线建成"三峡凉都"土家纳凉一条街，满足游客多元化、个性化需求。场镇管理协会按照定人、定时、定段、定标、定责"五定"要求，开展"摊齐门、车归位、街整洁、人守规"专项整治，紧扣创文、城市提升、场镇管理等工作，推动场镇风貌改造工程，修建土家文化长廊3个、山体公园1个，打造土家特色小镇"样板间"。

"数字乡村"指挥调度中心

(三)智治生翼强"六会"

创新谋划"智慧党建",依托数字乡村建设,梳理党建类信息数据82项,开展基础数据起底行动,在数据底座上谋划开发党员教育管理、党务公示公开等6个功能模块与9个应用场景,依托智慧化平台,打造基层治理指挥中心,细化明确运行监测、应急指挥等10项职能,推动形成全局"一屏掌控"。治理赋能"网格单元",深入实施党建统领网格治理专项行动,建立党建统领基层治理联席会议制度,优化调整设置村(社区)网格14个,全覆盖建立网格党组织,落实网格员54人,建立网格事项、专职网格员履职"双清单",切实以"最小单元"带动群众"最大参与"。迭代升级"数字治理",积极推动数字技术与农业的深度融合,加快农业农村大数据应用,实现互联网、物流网点、电商直播村村通,协会成员纳入快帮快办企业服务微信群、"渝快政"乡村社两级

表彰"十佳孝顺儿女"

交流服务群管理,进一步织密基层治理服务网、提升服务水平。

(四)拓能增效兴"六会"

按照"以点带面、示范引领"的原则,深入挖掘"六会治乡"和正面典型案例,评选"治理先锋""服务先锋""发展先锋"等模范榜样,分行业推进协会党组织标准化、规范化建设,引导基层治理发挥活力、创新能力。组织"六会"成员进农田聚焦种植产业链补强、加工产业链提升、销售服务产业链构建等重要环节,加快传统农业向现代农业转型升级;进企业调研企业生产经营情况,发挥协会优势为企业纾困解难;进农家为低保、特困、残疾等困难家庭送物资、送温暖,以多层次、多元化的民生服务,有效延伸基层治理触角。通过"六会"自我管理、自我教育、自我服务、自我监督,围绕创建管理有序、服务完善、环境优美、生活便利、关系和谐的现代化土家族乡目标,以群众自治"小协会"撬动乡村振兴"大突破",营造村民自治担当作为的浓厚氛围。

三、启示

（一）"坚持和加强党的全面领导"是"六会治乡"的根本保证

习近平总书记强调，"党的领导是全面的、系统的、整体的，必须全面、系统、整体加以落实"。"六会治乡"根本在于基层治理，目的在于群众自治。始终坚持和加强党的领导，不断强化基层党组织战斗堡垒作用，提升基层党组织凝聚力、组织力、战斗力，充分发挥政治引领作用，才能为乡村治理"把舵定航"。

（二）"坚持群众路线"是"六会治乡"的制胜法宝

习近平总书记强调，"坚持群众路线，就要坚持人民是决定我们前途命运的根本力量"。"六会治乡"本质是为了群众，基层治理效果好不好、作用有没有发挥，要以群众的评价为准，要坚持化解矛盾纠纷、推动致富增收、整治人居环境等方面的群众需求导向，实现共建共治共享，凝聚乡村治理强大合力。

（三）"坚持资源整合协同"是"六会治乡"的有效途径

习近平总书记强调，"要优化资源整合，形成协同攻关合力"。"六会治乡"涵盖民生保障、平安稳定、自然生态、道德文明、产业发展、人才教育等方面，着力点在于整合干部、人才、集体经济等资源，通过力量上的多元协同、多跨互动，实现效果上系统集成、协同高效，切实把"治理触角"延伸到"末梢细处"。

第三编 "联动式集成"党建统领模式的城乡村社实践

第六章 创新党建做法：打造新时代"红岩先锋"变革型组织

"六步工作法"打造"民呼我应"现代社区

永安街道江陵社区

一、背景

江陵社区辖区面积约0.6平方千米，现有居民4 604户16 114人，辖区内步行街、电影院、大型商场设施齐全，是城市商业中心，通过购买商品房入住的新住户占常住人口的七成，做好商户治理以及新老居民和谐共处是社区的重要任务。近年来，江陵社区以提升党的领导力、组织力为重点，突出政治功能，健全组织体系，优化组织设置，创新服务方式，充分发挥社区基层党组织的战斗堡垒作用。在打造新时代"红岩先锋"变革型组织的进程中探索"六步工作法"，开展党群服务中心"迭代计划"，联动多元主体，集成治理力量，完善"民呼我应"服务机制，构建党建统领、上下协同、共治共享的社区治理新格局。

二、做法和成效

（一）健全组织体系，公共服务更便捷

欲筑室者，先治其基。完善的组织体系是各项工作正常开展的基础保障。江陵社区共划分为13个网格，按照"1+3+N"模式，每个网格配齐网格长1名，专职网格员、兼职网格员和网格指导员各1名，扩充N名党员、志愿者网格力量。细化网格颗粒度，划分"微网格"，优选 74 名微网格员,将社区干部、小组长、社区民警、共建单位在职党员及志愿者等 328 人全部纳入,织密织牢网格治理组织体系。构建社区党委、网格党支部、党小组、党员中心户四级网格体系,推行党委成员包片、网格党支部包院、楼栋党小组包栋、党员中心户包单元、党员包居民等五级工作机制,让居民随时随地找得到人、办得好事。

(二)建立党建联盟,参与主体更广泛

建以社区党委统筹、辖区单位助力、社会力量参与的"社区大党委"格局,引导驻区企事业单位、物业公司、社会组织等力量共同筑强党建联盟,落实党建联席会议制度,吸纳共建单位党组织分管领导以兼职委员身份加入社区党委,联动多元主体,集成治理合力。联席会议设置以来,开展结对共建和联合主题党日活动等 400 余次,走访慰问困难群众 300 余人次,办理民生实事 105 件。形成"党建共商、政策共讲、文明共创、环境共治、事务共管、活动共办、服务共抓、资源共享、焦点共议、难题共解"的"十共同"党建新做法,推动基层治理由"单打独斗"向"整体推进"改变,实现了"民有所呼,我有所应"。

(三)拓展服务载体,新老居民更包容

充分发挥工会、共青团、妇联、科协等群团组织桥梁纽带作用,以党建带群建,为新居民提供各类便民服务。依托新时代文明实践站,开展"爱心"妈妈、"知心"哥姐、"诗词"诵读班等志愿服务,发动"五老"骨干力量,成立书画、乐团、象棋、舞蹈等兴趣小组,打造党群沟通的"连心桥",让新居民快速融入社区大家庭。为快递员、外卖员和自媒体从业者等新兴群体建立爱心驿站,提供暖心便捷服务,帮助拓展就业渠道。针对年轻居民工作日/假期带娃难题,社区开设"四点半课堂""暑期托管班",联合群团组织、大学生志愿者等力量,吸引更多教育专业背景的热心人加入,为儿童提供托管服务,包括学习辅导、实践锻炼、兴趣培养等多项内容,着力打造"儿童友好型社区"。

社区举办"四点半课堂"

(四)整合商业集群,资源要素更集成

在江陵社区辖区内,商业主要集聚在海成金街Ⅰ区、海成金街Ⅱ区、滨江郦城 D 区临街。其中,海成金街Ⅰ区、Ⅱ区是一个集餐饮、娱乐、住宿于一体的综合商业步行街,是全县重要的商业综合体。商业门市与普通住宅在业主类型和服务需求等方面存在明显差异,商圈人流密集、要素复杂,对社区治理能力的要求相对更高。为提高社区治理水平,夯实社区治理基础,江陵社区在传统的以楼栋、人口、地理位置为主要划分原则的基础上,瞄准商业门市需求差异性,将滨江郦城 C3 栋(写字楼)、海成金街Ⅰ区、海成金街Ⅱ区、滨江郦城 D 区临街门市划分为一个独立的商业网格,打造"网格+商圈"服务管理模式,建立起商圈专属网格工作机制。共走访辖区商户 309 家,详细了解商户的经营现状,现场解决问题 60 余个。

(五)协同线上线下,治理场景更智慧

线上开发"江陵 call"微信公众号连接 IOC 智慧系统,实现居民业务线上办理,居民需求线上回应。建立"永安街道江陵社区企业服务"

微信群,邀请涉企服务部门、街道和社区工作人员以及企业商户入群,及时收集商户需求,了解经营困难,通过"扁平化"管理方式有效解决了获取商户诉求信息失真、信息延迟等问题。线下提档升级党群服务中心,打造开放式"公共会客厅",提供休憩充电、临时议事等功能,增加"生活补丁超市""24H自助君灶君""探索力书塔"等服务平台,按照"服务共享,空间自助"的理念,实现场地预约、活动发布、资源共享、居民反馈等功能,构建开放、融合、共创的"党群之家"。

党群服务中心"探索力书塔"

(六)筑牢安全屏障,社区环境更放心

开展常态化安全排查,落实"安全月月查"专人负责制,每月定期开展对电影院、书店、网吧、茶楼等文娱场所的安全排查,建立发现问题、分析问题、解决问题、防范问题四步销号机制,做到安全隐患早发现、早处置。以主题党日活动为契机,开展社区安全专项培训,提升居民安全意识。组织社区党员下沉网格，入户排查用电、用气等方面安全隐患，提前发现并处理隐患50余次。

网格员走访商户，进行安全排查

三、启示

（一）夯实基层治理基础，核心是坚持党建统领

基层党组织是基层治理体系的"骨干"和"桥梁"，是加强和改进基层治理的领导核心。党建统领基层治理，要压实党建责任，把党建工作摆上主要议事日程，建立健全党建工作责任制；依托主题党日、"三会一课"等途径，有计划、分层次地抓好学习教育，教育引导党员干部自觉践行党的初心使命，主动宣传党的方针政策。

（二）完善基层治理体系，关键是建强支部堡垒

基层党组织是我们党在基层全部工作和战斗力的基础。用好党员

先锋，能够把联系服务群众的触角延伸到千家万户，及时把党的声音、党的关怀传递到社会治理的"神经末梢"，在党员和群众之间架起一座"连心桥"，让居民的诉求反馈有渠道，让党组织的基层治理有依据。

（三）提升基层治理水平，重点是推进服务下沉

"小网格"撬动"大治理"，托起"大民生"。服务关口前移、治理重心下移，能够有效提升基层治理的精细化、智能化、专业化水平。要培育壮大网格队伍，吸纳党员、志愿者等网格力量，及时转变"坐等群众上门"的理念，深入群众、下沉网格，做到"户户访、人人访"，摸清网格底数，夯实治理基础，带动居民群众积极参与社区自治。

打造"三治"冒峰 构建"善治"社区

夔州街道冒峰社区

一、背景

冒峰社区辖区面积 4.2 平方千米，集城市建设安置房、商品房于一体，属于征地拆迁新建混合型社区。现有 6 个居民小组、9 个住宅小区，常住人口 3.5 万人，社区党支部共有党员 98 名、社区工作人员 15 人。辖区居民有征地拆迁安置村民、购买商品房进城居民等多类群体，群众诉求日益多元化，社区工作"小马拉大车"等问题突出，社区治理模式亟待更新。冒峰社区紧紧把握新时代"红岩先锋"变革型组织的内涵要求，以"党旗飘扬·家在冒峰"为主题，以社区党群服务中心为主阵地，以"五好冒峰"建设为新蓝图，以"三项变革"助推"三类治理"，以党建统领打造"善治社区"。

二、做法和成效

（一）突出组织体系变革，党建统领"共治冒峰"

坚持"与邻为伴、近享生活"的基层治理理念，强化社区阵地政治属性，深化"五联体系"，推进区域化、集成化大党建新格局建设，推动基层党建与基层治理同频共振、互融互促，打造邻里关系好、居住氛围好、社区文化好、党群关系好、治安环境好的"五好冒峰"。

充分发挥社区党支部战斗堡垒作用和党员先锋模范作用，建成"去行政化"办事大厅，组织在职党员到社区、小区"双报到"，践行冒峰党员"十带头、十不准"，变随机性参与为常态化融入社区治理，实现网格党组织覆盖率100%，推动城市党建的"神经末梢"和城市治理的"基本单元"深度融合，让社区服务群众零距离。按照"人在网中、以网定格"的工作模式，有效利用网格员"人熟、地熟、社情民意熟"的本土优势，以"覆盖全面、边界清晰、规模适度、便于服务"为原则，统筹考虑辖区面积、人口规模和党员分布等情况，依托9个物业小区按500户1 000人划分网格30个，统筹"1+3+N"网格治理队伍165人，全面推行"一张网、全覆盖、专职化"网格管理新模式。抓实资源、需求、服务"三张清单"，统筹驻区单位和结对部门力量，做好政策宣传、信息收集、应急吹哨等工作，倾听群众诉求，推进议题共商、问题共处、项目共推，打造睦邻人民调解室，有效化解矛盾纠纷。

冒峰社区党群服务中心办事大厅

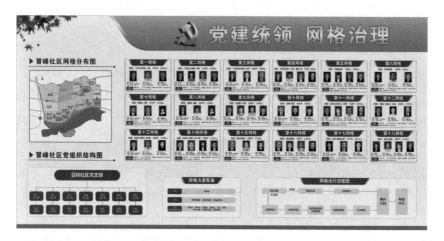

"党建统领　网格治理"架构图

（二）突出服务方式变革，社群赋能"自治冒峰"

坚持规范化、集约化、多元化的建设理念，打造"1个党群服务中心+N个便民服务站点"的便民服务圈，找准联系群众、服务群众、凝聚群众的着力点，以党群服务引领社区便民服务、放大物业综合服务，发挥辖区党员、网格员示范带动作用，构筑保障民安、引领民心、服务民生的居民安心港湾。打造便民服务"新"矩阵，以"全科受理、全心服务、全力打造"为宗旨，筑牢社区党群服务中心主阵地，协同养老服务站、卫生服务站、便民服务驿站、志愿者服务站四站联动，整合民政、妇联等多个部门资源力量，完善集社区食堂、妇女儿童之家、爱心冰柜等设施于一体的服务矩阵，突出"一老一小"群体服务，让便民服务更近、更实、更准。汇聚居民自治"邻"聚力，理顺小区居民自治组织，筹建物业联合党支部和业主委员会，探索"红色楼栋长"制度，充分发挥社区党组织的凝聚力和引领力，依托党建网格化、居民议事平台，让更多居民在社区建设中发挥主动性、争当主人翁。勾勒社区生活"美"图景，不断健全完善社区内共同参与、共同享有的利益共享机制，整合业委会、物业、楼栋、网格员、在职党员、志

冒峰社区养老服务站

社区干部、网格员日常入户巡查走访

愿者等力量，推动社区公共事务同抓共管、社区服务活动同办共享、社区工作机制同立共建，打造和睦美好的"社区共同体"。

（三）突出协同模式变革，科技探索"智治冒峰"

围绕"一统三化九场景"架构，以人民美好生活向往为核心，积极融入夔州街道党建统领基层治理"一中心四板块一网格"智治体系建设，充分应用数字重庆"一体化治理智治平台"，建设社区基层治理中心，探索发挥智慧治理效能。

落实清单化任务，各专职网格员依托智治平台、围绕"6+1"任务清单，尽职尽责完成日常巡查走访等各项任务，有力有效处理网格内各类事项，及时及早排查和协调处理各种矛盾纠纷，做好做实监测、预警、化解及上报工作。畅通信息化交流渠道，活用小区、楼宇微信群等平台，实时发布惠民资讯或志愿服务信息，常态化收集反馈社区

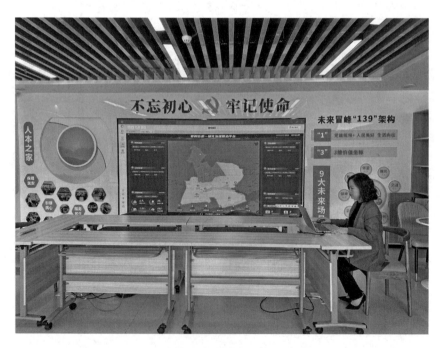

社区治理智治平台

群众急难愁盼问题，营造积极和谐的社区氛围。活用智能化设施，依托物业小区建设车辆智能识别出入道闸、人脸识别门禁、视频监控等基础设施，实现对进出小区人群及车辆的抓拍识别，对重点人群、重点场所的有效关注，为社区居民提供舒适、安全、便利的现代化、数字化生活环境。

三、启示

（一）坚持党的全面领导是党建统领基层治理的根本保证

面对新形势、新要求，必须推进全面从严治党向基层延伸，切实把基层党组织建设成为有效实现党的领导的坚强战斗堡垒。注重选好班子、育强队伍、健全机制，切实把党组织优势转变成社区治理优势。

（二）坚持人民主体地位是党建统领基层治理的重要基石

推动党建统领基层治理，必须紧紧依靠人民群众，发挥人民群众主力军作用。社区以群众需不需要、满不满意、支不支持为出发点，搭建自治共治平台，形成社区良性互动氛围，让居民群众获得感、幸福感、安全感更加充实、更有保障、更可持续。

（三）坚持创新理念方法是党建统领基层治理的实现路径

当前，城市社区基层治理工作纷繁复杂，传统方式已远不能满足群众的多元服务需求，必须要坚持守正创新，整合各种资源，才能增强社区公共服务能力。冒峰社区以"联动式集成"党建统领模式，推动各方服务资源下沉，引入现代信息技术手段，实现服务群众精细化与网格治理智能化，探索现代社区建设新方向。

"党建红"赋能"生态绿"
探索强村富民新路径

草堂镇欧营村

一、背景

习近平总书记指出,加快建立健全"以产业生态化和生态产业化为主体的生态经济体系"。草堂镇欧营村作为长江一级支流草堂河畔的一个小山村,20世纪90年代,依靠丰富的矿产资源,一跃成为全县有名的"工矿村",采石场、水泥厂、砖瓦厂等工矿企业带来严重的生态环境污染和破坏,一度造成该村尘烟蔽日、污水横流,引发社会广泛关注。欧营村坚持党建统领,凝心聚力谋发展,立足山区库区农村实际,关工矿、改良田、种脐橙,推动产业发展全面绿色转型,带领村民端上了"生态碗",吃上了"绿色饭",先后获评市级首批"一村一品"示范村镇,入选市级"首批美丽宜居乡村名单",生态优先绿色发展典型案例获市委书记袁家军肯定性批示。

二、做法和成效

(一)实施"党建+产业转型",推动"荒山"变"青山"

创新农村党支部"四双一严"工作法,全面关停水泥厂、养殖场等污染企业,针对关停企业职工就业难题,实行"推荐就业、支持创

欧营村脐橙林

业、兜底保障"分类精准帮扶,"关矿转产"职工就业率达100%。采取"村'两委'主导+企业实施+群众参与"方式,对低效地块统一整治后重新分配,实现土地"小并大、弯变直、乱变顺、差变优"。镇党委牵头,建立校地合作机制,聘请西南大学等院校专家团队开展土壤有机质、日照时长、酸碱度等监测,通过专家推荐、村"两委"考察、村民票决程序,选定适宜欧营种植的脐橙品种。2023年上半年,累计发展纽荷尔、福本、91等脐橙品种5个,脐橙种植面积扩大至约7 580亩,较2010年增加78%。

(二)实施"党建+精细管理",推动"鲜果"变"金果"

坚持"利益共享、风险共担"原则,引导小农户以土地经营权和脐橙收益权作价折股成立合作社,建立"脐橙职业经理人+农户"共赢机制,推动零散经营向适度规模经营转变。制定病虫害防治、测土配方、水肥一体化等技术标准,建立"专家集中培训+科技特派员授课+'土专家'日常指导"推广体系,提升标准化管护技术水平。

欧营村智慧大棚

2022年，脐橙优质果率达92%，鲜果均价较2010年提升216%。

（三）实施"党建+接二连三"，推动"橙村"变"富村"

立足"现代欧营·智慧橙村"定位，构建以党组织为核心、产业项目为纽带、区域资源为主体、合作共赢为目标的农村党建区域化产业融合发展新路径，打造"两心三区三园"村域发展格局，推行"脐橙+文旅"融合发展，延长致富增收链条，开发采摘、观光、康养等业态，打造"脐橙、诗词、工业"文化体验游路线4条。2023年上半年，全村旅游综合收入达620万元。创建全国休闲农业与乡村旅游示范点、农旅文融合互动式体验基地、三峡库区乡村振兴示范样板村。推进"支部+合作社+公司+农户"发展模式，培育农业龙头企业2家、农民合作社13个、家庭农场90家。

（四）实施"党建+基层自治"，推动"脏乱差"变"绿净美"

依托"新时代文明实践点""为民服务代办点""村民自治协会"等平台，开展治污复绿、扩林固绿行动，采取控源截污、清淤疏浚、水体净化等方式，组织村干部、志愿者清理水源垃圾 3 200 余吨，草堂河水质常年保持 II 类水平。采取村企合作、村民集资、公益参与形式，围绕山林天窗、村道两旁、房前屋后，实施"绿色满山""鲜花伴路""花草入户"项目，发动村民补植脐橙、松柏、三角梅等苗木 6 500 余株，新增绿化面积 1.1 万平方米。综合传统措施、化学助剂等办法，修复土地约 2 050 亩，改造撂荒地 538 亩，推动农田化肥农药使用量下降 50%。

三、启示

（一）坚持党建统领、凝心铸魂，才能积蓄动能

习近平总书记强调，"办好农村的事情，实现乡村振兴，基层党组织必须坚强，党员队伍必须过硬"。推进农村各项工作，应充分发挥基层党组织战斗堡垒作用和党员先锋模范作用，把党的农村基层组织建设成为宣传党的主张、贯彻党的决定、领导基层治理、团结动员群众、推动改革发展的坚强战斗堡垒，把农村党员干部建设成为懂农业、爱农村、爱农民的先锋模范队伍，为农村改革发展稳定提供坚强政治保证和组织保证。

（二）坚持生态优先、绿色发展，才能行稳致远

筑牢长江上游重要生态屏障，坚决不能走先污染后治理的老路，不能以牺牲环境为代价换取经济增长，应深入践行"绿水青山就是金山银山"理念，守好改善生态环境生命线，加快建设山清水秀美丽之地、美丽中国先行区，打造人与自然和谐共生现代化市域范例。

（三）坚持产业生态化、生态产业化，才能强县富民

产业生态化是最靓"绿色底蕴"、生态产业化是最强"绿色动能"。探索山区库区强县富民现代化新路子，应按绿色、循环、低碳发展要求,以节能减排、提质增效为主要目标,对传统产业的生产方式、产业结构、流通和消费方式进行生态化改造,因地制宜、因势利导,发展生态农业、生态工业、生态旅游业和大健康产业,促进生态要素向生产要素转变、生态财富向物质财富转化,实现生态利民、生态惠民。

(四)坚持改革破题、创新开路,才能高质量发展

唯改革者进,唯创新者强,唯改革创新者胜。推进农业农村现代化,聚焦国家所需、村民所盼、未来所向,用好改革这个"快变量",以数字化变革为牵引,推动全域生态环境质量、城乡大美格局、要素市场化配置、生态环境数智化等取得新突破,探索一条经济转型升级、资源高效利用、环境持续改善的绿色低碳高质量发展之路。

勇当红岩先锋　争创魅力太山

公平镇太山村

一、背景

公平镇太山村由原沈家村和太山村合并而成，是公黄县道的必经地，东邻石岗乡民寨村，西邻沙湾村，南邻大田村，北邻梅溪河，辖区面积5.1平方千米。全村共有20个村民小组，791户，2 416人，外出务工人员1 105人，2022年人均收入12 500元，村党支部现有党员42名。公平镇太山村坚持以习近平新时代中国特色社会主义思想为指引，结合太山村实际情况，坚持"145"工作思路，建强党员队伍、优化服务模式、创新工作举措，发挥党组织战斗堡垒作用和党员先锋模范作用，着力打造魅力太山、宜居太山。

二、做法和成效

（一）建立一个先锋大队

以村支部班子成员为班底，村支部书记任大队长，驻村第一书记为顾问，党员和本土优秀人才为成员，建立一支能战斗、敢战斗、善战斗的先锋队。坚持"围绕发展抓党建，抓好党建促发展"的工作理念，以建设学习型、服务型团队为目标，坚持定期例会研讨制度、工作汇报制度和成效考核制度，强化成员的教育管理，激发成员的积极性。积极引

村级先锋队例行会议

导党员带头发挥先锋作用，着力发挥基层党组织示范带动的"乘法效应"，促进基层党建工作与乡村治理、乡村振兴同频共振、互融共促。

（二）组建四个小队，实现精细服务

运用网格化管理理念细分责任网格，以点带面提供个性化与全方位服务，做到走村入户全到位、联系方式全公开、反映渠道全畅通、服务管理全覆盖，使管理服务的触角延伸到末端，提升管理的有效性和服务的针对性。

一是组建先锋模范队。通过引流回乡成立产业模范队，投入资金500余万元，带动100余户农户增产增收；通过清洁家园评比成立卫生模范队，带动和指导全村院坝清洁卫生整治，现已实现重点区域13社房前屋后无杂草，房内物品摆放整齐有序。

二是组建先锋志愿服务队。红白理事志愿队负责劝导杜绝"无事酒"，倡议简办红白事，并协助签订管理交通安全、食品安全的协议。

举办主题党日活动

管水志愿队负责水源的保护和水管的检修,最大限度保障全村用水安全。管路志愿队(与公益性岗位融合)重在清理路面垃圾及障碍物、路边杂草,保障公路畅通,同时配合公路隐患的排查和上报。2023年上半年,太山村通过劝导阻止"无事酒"3起,签订责任书10余份,水管检修20余次,公路清洁30余千米,无责任事故发生。

三是组建先锋宣传队。充分运用村广播、村联系群、巡回宣传车向村民宣传相关政策、各类通知和预警信息。通过村级图书室、志愿队走访入户发传单、专家实地指导,为群众提供产业信息,提升种植养殖技术,助推农产品销售。

四是组建先锋应急队。成立由本村居民组建而成的先锋应急队,对突发应急情况进行快速处置,并为上级部门提供有力线索。

(三)夯实五大行动,助推太山发展

一是构建强有力的组织,协调推进作引领。以建设学习型、服务型党支部为目标,坚持"三会一课"制度,按时召开支部委员会和党员大会,强化党员教育管理,激发党员积极性,发动党员参与到全村工作中。坚持执行民主集中制,全村工作、项目、财务等均需经过村"两委"班子集体研究,力争做到科学、民主和规范。积极开展经常性交心谈心,提高班子的凝聚力和战斗力。丰富组织生活,在"七一"节开展党员慰问活动,常态化组织党员开展工程质量监督,通过不同形式的组织生活,提高党员的参与感和获得感。

二是发展有影响力产业,引流回村促发展。完善基础设施:硬化村道4.9千米,新修村道2.5千米,整治村道13千米;新修堰沟5.9千米,新建160立方米人饮水池6口,铺设人饮水管道7千米;实施易地搬迁10户,C/D级危房改造64户,"三改"95户,房屋收储23户;全村40余亩复垦面积通过市级验收。增加群众收入:积极推行种植大户带动全村农户种植模式,发展种植红心蜜柚320亩、脆李800余亩,年产蜜柚、脆李等小水果50余吨,年销售总额达20余万元,户均增收超0.8万元。立足地域发展特色:以"六子"产业发展为依托,大力发展油菜近500亩,回引2名村成功人士回村发展菜籽油加工产业,开办渝饴丰生态农业有限公司粮油加工厂,为太山村脱贫户、低保户提供20个工作岗位;充分发挥太山村山坪塘优势,养殖淡水鱼10亩,推动产业稳步发展,大力提升群众收益。

三是树立清洁家园标杆,和谐邻里当模范。利用新时代文明实践活动积分银行,深入开展人居环境"大整治、大评比、大表彰"活动,以庭院"小美"促进太山"大美",提升乡村颜值。设置垃圾存放点20个,种植公路沿线花卉、绿植3 000米,人行步道30.5千米,并计划在13社建成1千米的特色步行道。实施亮化工程,安装太阳能路灯20盏。

四是发扬地域传统文化,与时俱进守初心。成立太山村老年协会,实行分工责任制,制定太山村养老协会章程,加强老年协会的规范化建设。已筹办打连响、踩龙船、坝坝舞、三句半等节目活动,后期还

清洁家园房前屋后干净美丽

开展重阳节慰问老人系列活动

将邀请专业老师进行授课。引进社工机构，开展专业服务。引进重庆夔缘社工机构，采取"专业社工服务+志愿者服务"的方式，为留守老人提供生活照料、医疗健康、心理疏导等服务。同时，常态化开展老年课堂、健康讲座、健康体检、生活照料、活动指导、紧急救助等服务。充分发挥老年协会纽带作用，提供优质服务，加强自身建设，始终牢记"凝聚养老服务力量、规范养老服务行为、维护养老服务权益、推动养老事业发展"的宗旨，不断提高本村老年人的获得感、幸福感和安全感。

五是储备优秀人才，夯实持续发展后劲。通过宣传教育政策、完善教育保障体系，让适龄孩童入学率达到100%。积极吸取在村优秀上进人才向组织靠拢，通过组织培养，服务于组织，奉献于百姓。鼓励在外成功人士回村创业发展，共同建设宜居宜业和美乡村。

三、启示

没有坚强的组织保证，任何工作都难以推进。公平镇太山村坚持"145"工作思路，用改革思维和改革办法破解制约基层基础工作的难题瓶颈，实现了党建统领基层治理的叠加效应。这启示我们，要把阵地建设作为增强农村基层党组织的向心力、战斗力、凝聚力和永葆党员先进性的实事来抓，全力提升阵地"建、管、用"水平，放大"基层堡垒"效应，使党建阵地真正成为党员干部联系群众、教育群众、服务群众的主阵地。

探索实施"五大工作机制"
对标"五型"示范党组织

朱衣镇砚瓦村

一、背景

奉节县朱衣镇砚瓦村位于朱衣镇南部，长江北岸，距新县城 8 千米，辖区面积 7.6 平方千米，海拔 175—600 米，下辖 4 个村民小组共 768 户 2 221 人，户均收入 6 万余元，人均收入 1.8 万元。砚瓦村是奉节县打造新时代"红岩先锋"变革型组织试点村，始终坚持党建统领，主动对标"五型"目标，通过部门、镇、村三级联动，探索实施"五大工作机制"，成为党建统领助推村组织建设多方位综合跃升生动实践。

二、做法和成效

（一）健全干群"共学同议"机制，"以学促治"塑造变革思维

一是打造组织学习圈。深化"党课开讲啦"、微党课等活动形式，定期开展院坝宣讲，聘任"走出去"的人才、"留在家"的乡贤为"村级名誉讲师"，丰富院坝会宣讲内容。**二是打造协商议事圈。**组织院坝会收集社情民意，对村级重大事务进行决策，鼓励村民提出"每月每社一建议"，村"两委"做到"一议题一答复一落实"。**三是打造文化交流圈。**开展"最美庭院""好婆婆""好儿媳"等评选活动，组建三

句半院坝队、腰鼓队,开展村内文化大展演、大比拼,打造特色涂鸦文化墙和田家院子、孙家院子、郭家院子三个文化院坝,丰富村民业余文化生活,树立乡村文明新风。

评选"好儿媳""好婆婆"

(二)开拓支部"共建共联"机制,"聚力凝心"锐意变革合力

一是理论学习共提升。砚瓦村支部和奉节海事局支部共联促进"党建双覆盖",通过支部联席会议横向覆盖双支部党员,理论宣讲纵向覆盖群众,以读书交流会、政策研讨会和"为群众办实事"活动等多种形式,实现党员群众思想碰撞和政治能力提升。**二是产业帮扶共受益。**以"脐橙树"为纽带,县海事局既"帮产"又"帮销":赠送抗旱船1条,协助搭建水泵、水管等抗旱保供设施,完善村产业基础设施建设,提升提灌工程后勤保障能力,还通过内部团购、外部宣传等形式,帮助砚瓦脐橙拓宽销路、打响品牌。

(三)创新经济"抱团发展"机制,"产业共兴"驱动变革共赢

一是把支部建在产业上。坚持"支部引领、龙头带动、群众参与"

举办柑橘综合栽培技术培训

的发展思路,推行"支部+党小组+群众""公司+合作社+基地+农户"等工作机制,实施"六化一体"产业发展模式,大力发展山地特色高效农业、生态农业,推进乡村产业振兴和农业现代化。**二是打造乡村旅游新地标**。拟打造玻璃栈房"星空别墅"网红打卡点,建设商业街区,完善配套服务设施,启动"澄海星野"露营基地项目建设,打造"吃喝玩住"一体化综合服务场景。**三是开创农旅融合新模式**。探索建设一站式"智慧果园",实现水肥一体化、运输自动化、管理信息化生产,打造脐橙采摘体验园,开创"云养树"和"果树认领"种植体验项目,让长在树上的脐橙提前"名花有主"。

(四)完善服务"点单派单"机制,"网格管理"赋能变革跃升

一是"党建统领+基层网格"有力结合。科学划分网格44个,实行"一网格一支部(党小组)",消除党建空白点。探索建立"干部联户+网格联合"联动监督体系,构建"党委决议+村级指挥+网格落实+互联监督"四级作战指挥体系,确保村民"点单"快速响应。

二是"精细服务+单元微网"有机结合。依托基层网络，再细化微网格16个，做精做细"最小工作单元"。打造"善育颐养"老幼服务品牌，探索修建"砚瓦小院"爱心食堂、"砚娃课堂"托管班等，做实做好民生服务。三是"数字赋能+延伸网格"有效结合。建立线上"数字网格"，按照"一网格一微信群"模式，实现线上管理网格。融合民生之声问政、小微权力一点通等平台，畅通网上监督、举报渠道，将事项下沉至网格，安排专人点对点回复、面对面解答，"从快、从严、从实"办结群众网络请求事项。

（五）推动人才"激励发掘"机制，"领航带动"积聚变革效能

一是建立"砚瓦英才"人才数据库。以评选"砚瓦村最具影响力的十大人物"等多种方式，加强与在外务工优秀人才联系，做好人才回引工作。**二是加强干部培训教育**。实施"五个一"青年理论提升工程，以"学、评、讲、比、考"为主线，通过实行小组学习、积分激励、榜样引领等方式，运用理论学习新模式、新场景、新载体、新手段夯实青年党员理论根基。**三是建强队伍考评机制**。开展村干部"评星定级"工作，以"思想政治力""担责履职力""创新驱动力""廉洁自律力"衡量"五星"标准，完善干部考核机制，建立"四评"模式，以"自己评""同事评""群众评""领导评"细化考核指标，并纳入年终考核。

三、启示

（一）必须坚持人民至上

人民群众是真正的英雄，是历史的创造者，是社会发展前进的动力。朱衣镇砚瓦村创新打造"砚瓦村谈"院坝会党建品牌，构建"三圈一体"的特色党建矩阵，深化院坝会活动，与贫困户面对面交流，让群众主动谈收入、谈心声、谈变化、谈孝善、谈贡献。实践证明，

推进新时代乡村振兴和社会治理，要坚持以人民为中心，发挥群众主体作用，激发群众有效参与，调动干事创业积极性、主动性、创造性，真正把党的政治优势、组织优势转化为发展优势，早日实现"人民群众对美好生活的向往"的奋斗目标。

（二）必须创新体制机制

推动农村发展，实现乡村振兴，需要从建立长效机制上入手。朱衣镇砚瓦村以基层网格为依托，构建"村民点单""村干分单""网格派单""微网格接单""村民评单"的工作机制，动员最广泛、最有效、最直接的社会力量参与乡村治理，取得显著成效。实践证明，要强化基层党组织引领作用。全面建成以党的基层组织为统领，村民委员会和村务监督委员会为基础，群团组织为纽带，集体经济组织、农民合作组织和各类社会组织为补充的基层组织体系。教育引导群众从"袖手看"到"拍手赞"再到"动手干"，实现从"能人治村"到"制度治村"、从"少数人干活"到"多数人参与"的根本性转变，营造文明乡风、良好家风、淳朴民风。

（三）必须强化人才支撑

"功以才成，业由才广"。习近平总书记强调，"要推动乡村人才振兴，把人力资本开发放在首要位置，强化乡村振兴人才支撑"。朱衣镇砚瓦村建立"砚瓦英才"人才数据库，在思想提升、经济发展、基层治理等多方面提供了充足的人才保障。实践证明，"带头人"在农村具有举足轻重的作用，尤其是村党组织书记，承担着基层党建、带领干部群众推动村经济发展的重任，要建立健全村干部激励约束机制，对村干部实行量化考核，狠抓制度落实，有效解决村干部队伍能力不够足、干劲不够大等问题，增强村干部岗位吸引力，激发干事创业的活力。

内联外通强组织　凝聚合力促发展

鹤峰乡柳池村

一、背景

柳池村位于鹤峰乡东南角，东邻巫山大溪乡，西与青杠村相连，北与永乐镇隔江相望，距鹤峰乡政府所在地约8千米，距离奉节县城约28千米。2022年，鹤峰乡搭上了市级乡村振兴重点帮扶乡镇的"列车"，全面开启了组织、产业、生态、人才、文化五大振兴行动。

光伏发电站

2023年，按照市委部署，重庆全面掀起了打造新时代"红岩先锋"变革型组织的热潮。鹤峰乡作为奉节县试点乡镇，积极探索如何打造"红岩先锋"变革型组织。柳池村"两委"、驻村工作队展开"内联外通"的"联动式集成"党建统领模式，积极创新打造新时代"红岩先锋"变革型组织。

二、做法和成效

（一）围绕自身，健全建强组织

一是提升服务能力，建强村班子。严格落实导师帮带制和乡村振兴指导员责任，以优带弱，以先带后，从政策、资源、能力等方面，全方位提升干部能力；定期组织外出培训学习，严格落实"第一议题"、例会学习等制度，拓宽干部视野，为干部能力提升提供更为广阔的平台；完善村社干部考核比拼机制，建立干部积分台账，将干部积分与集体经济奖励挂钩，激发干部干事创业潜能。2022年年底，柳池村年度综合考核跻身全乡前三，彻底扭转落后被动局面。**二是发挥模范作用，选树学习标杆**。注重发挥基层党员干部群众的模范带头作用，深入挖掘各岗位涌现出的先进典型，打造一批党建示范点，定期开展表彰先进工作，在微信公众号、新闻媒体等宣传平台持续报道"党员在身边""优秀事迹展播"等系列动人故事，多渠道、多形式、多角度、多侧面深度宣传各类典型先进事迹，切实用身边人、身边事教育干部员工，更好地发挥先进典型示范引领作用。无职党员胡术钢在严寒酷暑中攀爬绝壁维修管道，为柳池村的饮水提供保障的事迹，在党员群众中引起强烈反响，在党员群众中树立了学习的榜样。

（二）内联群众，调动村民参与

一是完善网格治理。全村设网格2个，建立网格党小组2个，微网格5个，将社长、党员、公益性岗位人员、低保户等政策受益人员等纳入微网格员队伍，严格落实网格员"6+1"工作任务，健全基层基础，扎实开展网格治理。**二是促进群众参与**。定期召开"乡理乡亲"院坝会，按照"五讲四评一公开"要求，逢会必讲习近平新时代中国特色社会主义思想理论、惠农惠民政策、法律法规、人身财产安全、产业发展技术；一年推评一次"最美鹤峰人""最美致富带头人"，半年评选一次"六好家庭"，两个月评选一次"美丽庭院"，并全面公示公开，推动群众广泛参与基层治理，提高满意度。**三是创新治理举措**。推选出院坝管理协会会长、副会长、监督员3名管理人员，推行院坝、农田、道路新三包，以周考核、月评比的模式开展自治，以积分制进行管理，以村集体经济收益分红进行奖惩，形成群众自我管理、自我评比、自我监督的院坝自治管理模式。建成斋古营人居环境示范片，创成市级绿色矿山、重庆市"一村一品"示范村、宜居宜业和美乡村。

新时代文明实践活动

（三）外联企业，做实产业就业

一是重培训，发展壮大主导产业。村集体经济合作社与夔景苑农业开发有限公司以及种养殖大户合作，利用企业资源，为村民提供产业技术培训、优质种质资料，以企业带大户、大户带散户，村主导产业脐橙不断发展壮大，脐橙、小水果（桃、脆李、枇杷等）种植面积达 6 000 多亩，年产值达 2 000 万元。**二是重就业，提高村民务工收入。**村级集体经济与陆溪实业、夔景苑等辖区企业达成长期用工协议，由企业提供就业技能培训和岗位，常年提供 120 个就业岗位，村民有效利用农闲时间增加收入 60 余万元，2022 年人均收入 2 万元以上。**三是重协作，村级收入实现多元化。**与企业党支部共建共享，有效利用村级资源资产入股企业，发展壮大集体经济，丰富主题党日活动，村级组织积极协调企业发展矛盾，提供良好营商环境。近年来，企业援助村级党建经费 2 万元，捐助救灾资金 1 万元，资助困难群众 150 人次，实现村企共同发展。

三、启示

新时代"红岩先锋"变革型组织创建，切忌故步自封、囿于自身，做好内联外通"联动集成式"党建统领模式是打造新时代"红岩先锋"变革型组织的关键。在打造过程中要做好以下三个方面的工作：一是打铁还需自身硬，必须不断加强组织自身建设，让村级工作有人干、有能人干；二是坚持"一切为了人民，一切依靠人民"，团结群众，了解整合群众需求，做好规划，明确发展方向，做到有的放矢；三是整合运用好各类资源，让机关、企业、政策服务村级发展，跳出组织发展壮大组织，用发展成果反哺组织发展。

以新时代红岩精神铸就文旅融合之基

安坪镇三沱村

一、背景

安坪镇三沱村位于长江南岸，地处长江三峡水库腹心，位于长江干流南岸，海拔在175—650米，距离县城约19千米，辖区面积7.98平方千米，下辖6个村民小组共944户2810人，党支部下辖3个党小组，有党员58名。为大力弘扬伟大建党精神和红岩精神，三沱村以新时代红岩精神铸就文旅融合之基，集成干部引领力、组织号召力、群众内生动力，打造新时代"红岩先锋"变革型组织，擦亮"水驿三沱"名片，为三沱村文旅融合发展提供充足动力。

二、做法和成效

（一）坚持党建统领，激活基层自治"密码"

三沱村始终将党建工作放在首位，以全面从严治党为主线，以网格化管理为手段，把"多方力量"作为贴近群众、方便群众、服务群众的有力抓手，将村级党务信息、政务信息、财务信息、服务信息、政策宣传等基层工作"广而告之"，不断提升群众获得感、幸福感、安全感。一是分清责任提动力。梳理村级党务、村务、财务、事务、服务，制定村级权力运行工作流程图，形成村级权力清单36条，逐项明确责任主体、申请条件、申报材料、办理步骤、办理时限等，流程化、透明化开展工作。**二是网格管理增效率**。打造驻村干部包村、村"两委"包社、社长包网格的"三包"体系，划分网格 6 个，网格责任人推进干部走访、教师家访、医生巡访、农技随访，调动各方资源服务群众，实现"小事不出网格，大事来村解决"。**三是多方联动聚合力**。发挥工会、共青团、妇联等人民团体作用，集中社长、村级监察监督员、各类公益性岗位等多方力量参与建设。党员干部发挥带头作用，广泛团结群众，多方联动群众。建立"服务热线"，聘请发展顾问为村民答疑解惑。

（二）立足地域发展，点燃特色产业"引擎"

三沱村以提质作为产业发展重点，结合村情基础、资源储备，特色化、差异化走实产业发展之路，打造"电商一条街"，培养出"犟老头""小叶家""三沱橙""派源脐橙"等本土网红及果业品牌，促三沱产业稳进增效。三沱村年产值达 1.2 亿元，户均纯收入 10 万余元，村集体实现经营性收入 42 万元，获评"全国特色产业亿元村"。**一是智慧果园提品质**。建设 5G 脐橙智慧园，实施测土配方施肥，推行"统防、统治、统管"技术，统计果园环境、设备状态，及时发现并处理问题，定期安排技能培训、测试，提升果农专业能力，以科学有效的方法提升脐橙品质。**二是产业延长升价值**。建设洗选果场，大果直采直销，小果再次加工，增强脐橙附加值。与醉白帝等公司合作，不断提升酿酒工艺，强化酒窖、酒文化展示及品牌宣传，打造脐橙酒地方名片，延长三沱产业链。**三是电商直播扬人气**。建设电商平台，培育本土网红，建成全县首家电商直播间，成立"橙上网"协会协助管理、拓宽销路，定期组织直播现场观摩、经验交流活动，形成政府推动、协会助力、全民参与的发展局面。

（三）聚焦赋能添彩，厚培移风易俗"沃土"

三沱村围绕"三峡橙庄·水驿三沱"定位，以"花"为媒，以榜

脐橙酒特色产品

样带动激发群众自觉意识,以文化活动丰富群众精神生活,大力推动移风易俗,培育有涵养的村风民风,先后荣获全国乡村治理示范村、全国"一村一品"示范村、重庆市绿色示范村等20余项国家级及市级荣誉。**一是环境建设添活力**。建设十里花果滨江廊道,打造村标小广场、1997移民纪念点、文化宣传墙、移民精神传承馆等观赏点,开展"美丽庭院"创建行动,引导群众种植花卉绿植,建立清洁评比红黑榜,引入积分制对清洁卫生情况进行量化考评、定期公示,实现以绿治乱、治脏。**二是群众会议达共识**。推行"黄葛树下"议事会,集体讨论集体经济、重点项目、惠民补贴、邻里关系等事务,围绕群众获得感、集体荣誉感、群众满意度开展"三问三答"群众会活动,把政策宣讲到家门口,把矛盾化解在家门口。**三是移风易俗保稳定**。建立道德评判机制,对村内社会治理各方面事务进行综合评判。开展"最美家庭""好公婆、好儿媳""清廉村居"等评选活动,倡导和践行红白喜事简办、家庭小事不办,推动村风民俗进一步好转,形成"好与坏大家评、是与非大家判"的和谐氛围。

"黄葛树下"议事会

三、启示

三沱村作为全国乡村治理示范村,紧扣"五个振兴"目标和示范村建设标准,围绕"三峡橙庄·水驿三沱"定位,以新时代红岩精神铸就文旅融合之基,着力将三沱打造成为一个全村域、开放式、典范类AAA级景区,实现了较为明显的经济社会效益,产生了较好的示范价值。

(一)坚持党建统领放首位,凝聚社会治理力量

充分发挥党组织在农村各类组织中的领导作用,不断加强基层党组织自身建设,提升领导能力和治理水平,把农村基层党组织建设成为宣传党的主张、贯彻党的决定、领导基层治理、团结动员群众、推

动改革发展的坚强战斗堡垒。

（二）坚持人民群众放主位，挖掘基层自治潜力

畅通村民参与村级事务的渠道，千方百计调动全体村民的积极性、主动性，不断提升他们的综合素质。依托乡村振兴战略大布局，把握乡村发展规律，激励广大村民及社会贤达、青年志愿者积极参与到乡村治理工作中来。

（三）坚持集体经济放高位，助力乡村振兴发展

集体经济就是乡村治理的经济基础。加强和改进乡村治理，就要抓好集体经济发展，挖掘本地资源，延长产业链，全力打造乡村旅游特色品牌，探索集体经济的有效实现形式，推动集体经济实力持续壮大。

搭乘组织变革"特快专列"
驶入乡村振兴"快车道"

永乐镇大坝村

一、背景

为大力弘扬伟大建党精神和红岩精神,永乐镇大坝村以习近平新时代中国特色社会主义思想为指引,深入贯彻落实党的二十大精神,始终坚持系统集成、高效联动,搭乘"特快专列",奋力打造"服务先锋、治理先锋、智慧先锋、清廉先锋"党建品牌,聚焦产业增效、基层治理、数字变革、清廉为民四个方面,优服务、聚合力、提效能、廉村风,驶入新时代"红岩先锋"变革型组织创建"快车道"。

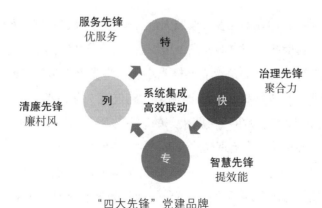

"四大先锋"党建品牌

二、做法和成效

（一）"特"——以"业"为先，打造服务先锋，跑出产业赋能"加速度"

一是采取"支部引导、村民自愿、集体运营"方式。通过"土专家""田秀才""洋博士"充分讨论酝酿，制订脐橙种植"三统一"的"傻瓜式"标准，为全镇种植户提供产前、产中、产后有效服务。二是挂牌成立村集体经济劳技、劳务、营销服务队。劳技服务队对1 200亩标准化果园实施修枝剪型、树干刷白、生草栽培，使老果园旧貌换新颜、园区变景区。劳务服务队使采摘成本同比下降约30%，营销服务队推动品牌销售、网红带货直播。2023年上半年脐橙网络销售占比40%，价格较线下高出35%，直接增收超2 000万元。三是创新"三统一分二返"利益联结模式，即统一技术、统一采摘、统一销售，分户种植，保底销售利润按比二次返还种植户和村集体经济，激发农户参与积极性，带动集体经济增收超20万元，群众务工增收超50万元。

（二）"快"——以"人"为本，打造治理先锋，注入群众自治"原动力"

一是细化治理颗粒度，按照人口规模适度、服务管理便利、资源配置有效、功能相对齐全的原则，组织村干部、网格员深入摸底排查，精准收集基础数据。二是设立网格党小组，将党组织建到"最末端"，将村划分为3个大网格、27个微网格，确保每个网格都有责任人，形成"大事全网联动、小事一格解决"的"一张网"闭环工作机制。三是探索实施"五长共治"治理模式，即"村长+社长+族长+池长+路长"，变"群众看"为"一起干"，村长为村级事务操盘手，社长为自然社带头人，族长为氏族内部矛盾调解员，池长为水池管护负责人，路长为道路养护保洁负责人。截至2023年上半年，全村推选出社长7名、族长

19 名、池长 28 名、路长 7 名，形成"村长领头、社长协调、族长专责、池长管水、路长管行"的"五长共治、共建共享"基层自治新局面。

（三）"专"——以"智"为要，打造智慧先锋，点燃智慧大坝"强引擎"

一是携手中国铁塔奉节分公司，建设智慧乡村管理平台，全力打造效能型组织。整合智慧党建、乡村概览、和美大坝、林长制、河长制、公共安全、智慧农业和地灾监测八大功能，通过高清摄像机高点位挂载，接入信息化平台，对山体半径 3 千米范围进行实时检测，实现森林防火、秸秆禁烧、道路安防、耕地保护、固废倾倒、禁渔监管等重要场景的监控覆盖。二是结合平台 AI 算法，实时推送烟雾报警、交通违章等提醒，形成可查看、可预警、可处置、可闭环的乡村综合治理防控信息化系统。三是打破传统基层工作的物理维度和时间维度限制，利用后端 AI 算法和大数据分析能力，实现"高空看、智能判、网上管、地上查"的智慧治理效果，极大减轻基层干部综合治理负担。全村现共有 78 个监控探头，累计抓拍 1 795 次，推送提醒信息 128 条，后续将把全

大坝村乡村振兴综合治理平台

村技防覆盖率提高至80%以上，增强整体智治"数字变革力"。

（四）"列"——以"廉"为底，打造清廉先锋，筑牢廉洁村居"硬支撑"

一是聚焦全面从严治党，制定《大坝村"清廉村居"建设实施方案》，探索建立"群众议事倡廉""村务监督固廉""数字监督促廉""定期公示护廉"四项制度，细化工作任务"固"廉，规范村级权力运行，照亮群众诉求通道，扎实有序推进清廉乡村建设。二是深入开展农村小微权力清单化、规范化建设，充分发挥"三老"，即老党员、老干部、老乡贤治村作用，营造讲清廉、守清廉、赞清廉的浓厚氛围。三是突出"四村并举"，即党委带村、民主管村、监督正村、清风润村，从作风效能、三资管理、乡风文明等方面，铺开基层权力监督大网，形成"大事一起干、事事有人管、好坏大家判"的良好机制，清廉村居示范样板建设初见成效。

大坝村清廉走廊

三、启示

（一）提升服务能力，解决产业发展"难点"

聚焦农村劳动力老龄化、种植规模化程度低、山地农业机械化难以实施三大难题，强化党员服务群众意识，选取懂农技、会销售的党员先锋到"三支服务队"中，持续提升服务队业务能力。生产期，送

"技"下户，免费提供技术培训服务和统一的标准化管理服务；采摘期，细化分工，延伸采摘业务范围；销售期，为按标准种植的村民提供脐橙分级洗选、冷藏保鲜、品牌包装、打单发货等服务，与本地网红签订合作协议，商议电商发货每件返利额度，充实集体经济收入。

（二）推动一网多能，疏通基层治理"堵点"

持续推动网格治理，通过微信群联系建立"纵横交错、全面覆盖、网格到底、责任到人"的管理体系，将管辖地域范围内的人、地、事、物、企等要素统一纳入网格，实施系统化、精细化的"纳米式"管理。坚持机制赋能，解决问题溶解"血栓"，制定网格问题处理机制，实现小问题线上流转、线下处置，大问题线下协商、共议处置，绘制问题处置流程图，将微网格内的问题处置流程嵌入到镇级网格体系中去，构建工作闭环，让问题有"进"，也有"出"。

（三）优化党务模块，展现党建工作"亮点"

优化智慧党建模块，把党组织体系映射到智慧大屏，做到党建工作和智慧乡村一网统管。把党的建设的各种要求细化为可以计量的党建指数体系，借助技术手段，对发展党员等日常工作、"三会一课"组织生活等各项党建数据多维度分析，转换为便于直观理解的动态表格、数字和图形，把各项工作"成绩单"全方位实时"晒"在阳光底下、"晾"在群众眼前。

（四）打造廉洁阵地，填补村级监督"盲点"

以便民服务中心为主阵地，在村委办公区门前广场打造廉政文化宣传角，重新设计规划"三务"公开栏。针对清廉村居设计图版，主要设计为清廉警示标语、村规民约、小微权力清单、村内好人好事、"清廉家庭"光荣榜、"三务"工作分工架构图等内容；同时进一步厘清便民服务中心、村务监督委员会责任清单、工作流程，完善"智慧大坝管理平台"系统，设置村务监督模块，实现村民线上、线下同步监督。

第七章 党建统领自治:以党组织建设促进村居善治

创新"一三五"工作法
打造新时代"红岩先锋"变革型组织

鱼复街道迎宾社区

一、背景

鱼复街道迎宾社区位于奉节县城中心区域，辖区面积约 0.7 平方千米，共有 15 个居民小组 5 647 户 13 540 人，所辖党支部 3 个、党员 86 人。为大力弘扬伟大建党精神和红岩精神，迎宾社区以习近平新时代中国特色社会主义思想为指引，深入贯彻落实党的二十大精神，扎实推动"红岩先锋"变革型组织试点创建工作，充分发挥基层党组织引领基层治理作用。近年来，社区创新"一三五"工作法，实现党员、楼长、物业、志愿者和机关干部联动，推动新时代"红岩先锋"变革型组织的打造走深走实，让红色"邻居里"党建服务品牌深入社区居民心中，彰显了"和睦邻里·幸福迎宾"辨识度。

二、做法和成效

"一三五"工作法："一"指坚持以党建统领织密"一网"统揽红色网格；"三"指组织党员干部积极融入"党务+政务+服务"工作，开展亮身份、亮承诺、亮服务"三亮"行动；"五"指建立微网格、微改造、微平台、微心愿、微治理"五微"循环机制，抓实党建统领、社会参与、问题解决、驿站服务、教育引导五项内容，推动实现网格治理重"深度"、社区共建提"速度"、化解矛盾有"力度"、睦邻互助添"温度"、文明新风增"亮度"。

（一）"一网"统揽，激活网格治理"总引擎"

一是党的领导纵向到底。完善"街道党工委—社区党委—网格党（支部）小组—党员示范户"四级联动格局，按300—500户划分大网格12个，按50—80户下设微网格96个。成立12个网格党小组，打造"网格长＋专职网格员＋兼职网格员＋网格指导员＋其他网格力量"的"1+3+N"网格治理团队，提升组团作战能力。

二是汇聚力量横向到边。依托群团组织、社会组织、经济组织共建联建社区大党建。打破党员隶属关系，组织辖区党员，组建楼栋党小组，由社区党委直接管理，做实做好每一栋住宅小区、每一块新兴领域党建工作，不断织密织牢基层网格，消除党建工作"空白处"，提升基层社会治理精细化水平。

三是聚焦统筹全域覆盖。坚持全域统筹、持续发力，不断完善"1+3+N"市域社会治理体系，以共建共治共享的社会治理制度为导向，培育5支服务高效的"红色管家"队伍，每月召开一次党建联席会议，开展政策宣讲、环境整治、便民服务等活动，不断提高基层治理体系和治理能力现代化水平。

（二）"三亮"行动，夯实基层组织"硬底盘"

一是亮身份树形象。要求全体党员在工作日、参加组织生活及特定场合佩戴党员徽章亮明身份。以服务态度好、办事效率高、群众评价优为标准，打造党员家庭示范户、先锋志愿岗。以党小组为单位开展党员承诺践诺，并制作党员公开承诺亮相牌在网格内进行公示，接受群众监督，增强发挥先锋作用的行动自觉。

二是亮承诺作表率。坚持以群众需求为导向，强化部门联动，变

"红岩先锋"示范岗

被动接访为主动走访。组织在职党员干部深入社区开展"家门口"报到服务群众"零距离"活动,建立"需求清单""服务清单",精准对接网格党小组、业主委员会(自管委员会),主动领办群众需求事项,打造共建共治共享的小区治理共同体。

三是亮服务争先锋。建立长效教育管理机制,创新党员积分管理模式,争当红岩先锋。以网格党小组为单位,落实对口接待、首问负责、限时办结等服务机制,定期开展党员干部作用发挥效果评价,并按照党员服务积分管理办法,推动以积分换红花、用红花换红星、以红星评先进、用红星争先锋。

(三)"五微"循环,跑出社区治理"加速度"

一是"微网格"——抓实党建统领,推动网格治理重"深度"。做细做实社区党小组网格,划分党小组12个、微网格96个,实现社会治理触角全覆盖。组织网格内所有党员、楼长、物业人员、志愿者和机关干部,"零距离"包户联系服务群众,推动实现"一网一人"全覆盖。开展"榕树邻居里·党员争先锋"活动,做到组织覆盖、工作覆

睦邻调解处

盖，实现基层党建和社会治理深度融合。

二是"微改造"——抓实社会参与，推动社区共建提"速度"。整合社区共建力量，广泛听取居民群众意见建议，通过与共建单位通力协作，对小区进行修缮小区楼梯及护栏、粉刷楼道、安装晾衣架、安装休闲座椅、更换垃圾箱、新建文化长廊等微改造，有效解决小区内基础差、配套缺失、设施破损、老旧等问题，改善了小区环境，和谐了邻里关系，共建共治共享格局初见成效。

三是"微平台"——抓实问题解决，推动化解矛盾有"力度"。利用小区居民日常聚集、遮阴避雨的天然绿荫地，打造"居民议事点""睦邻调解处"。2023年上半年，有效破解楼面渗水、车辆乱停、环境整治、安全隐患等"三无小区"管理难题20余件，先后调解邻里大小纠纷30余件，推动"小事不出格、大事网中决"，实现"小小居民议事点·议出群众大民生"。

四是"微心愿"——抓实驿站服务，推动睦邻互助添"温度"。开展"榕树邻居里·党员争先锋"活动，引导辖区群众在小区的榕树下许愿，推行"群众点单、网格下单、党员接单"的工作模式，以项目需求清单化方式调动共建单位认领群众"微心愿"141个，进一步深化干群关系，和谐邻里关系。

五是"微治理"——抓实教育引导，推动文明新风增"亮度"。 打造"零工暖心驿站"，拓宽社区就业覆盖面。积极开展党的二十大精神微宣讲、社区居民首届趣味运动会、清洁家园综合整治、新时代文明志愿服务等活动22场次，社区"十乱"现象明显减少，喜事新办、丧事简办渐入人心。

三、启示

（一）融合创新，基层党建工作要走好品质之路

要立足实际、创新思维、敢破敢立，以创新、务实、有效之举，打破"围城"和"围墙"，推动党建统领基层治理工作跨越赶超、创新发展，特别是要深入挖掘、培育党建工作先进经验和典型做法，发挥党建典型示范引导作用，以点带面整体提升。

（二）逐本溯源，基层党建工作要以人民为中心

党建工作无论是在工作理念，还是服务手段、方式、内容上都要时刻想着人民、为了人民。以人民为中心的发展思想不能成为一句空话，要落实到具体人、事、工作上，真正做到群众需求在哪里，党建工作就跟进到哪里，实现民有所呼、我有所应。

（三）独具匠心，基层党建工作要用足绣花功夫

党建工作要从大处着手、高点站位，从细处入手、精准发力，不能浮在面上，要有系统思维，大到一项政策的制定、推进和落实，小到一套制度的设计、装修风格的选用，都要拿出绣花功夫，从细微处用力，真正使党建工作与发展、民生等有效融合。

兴业 兴橙 兴家

夔门街道兴家村

一、背景

夔门街道兴家村位于夔门街道的西部，东与鱼复街道茶店社区相接，南靠长岭社区，西邻百梯社区，北依袁梁社区，距夔门街道办事处15千米，距奉节县城12千米，辖区面积4.6平方千米，平均海拔420米。辖区有6个村民小组993户，党员51名，常住人口685人、劳动力1 857人、外出务工人员823人，现有脱贫户55户183人。现今社会发展趋势多元，兴家村经济转型升级加快，群众诉求复杂多样，发展任务繁重艰巨，基层治理挑战严峻。面对这些新情况、新问题、新挑战，兴家村坚持以党建统领为抓手，以全方位"兴业"、多元化"兴橙"、多层面"兴家"推动发展、服务群众、凝聚人心，打造党全面领导、队伍忠诚清廉、组织创优争先的新时代"红岩先锋"变革型组织。

二、做法和成效

（一）以村党支部为主导，"兴业"全方位发展

以村党组织为核心，通过微信群搭建相互沟通平台，统筹整合党建资源，形成资源信息共享、党建相融互动格局，加强横向对接，全

面覆盖新兴领域，将服务触角延伸到各个角落，实现党建成效最大化。一是就业方面，拓宽沟通渠道，共享就业信息，通过开设培训课培养技术人才等方式，为稳岗就业打下坚实基础。以劳务服务行业为主，年劳动力输出 1 000 余人，就业稳定增收 4 000 余万元。二是创业方面，利用区位优势，通过我村七社"奉节烧烤之父"小平烧烤的带动，大力发展烧烤行业。现已发展成为环彬老佑营王烧烤、地王广场老佑营王烧烤、滨江国际烧烤客栈、施家梁阿喜烧烤、三峡风猴儿烧烤、人和街人和烧烤等 12 家店，年纯利润达百万元以上的有 6 家，为我村解决就业 100 余人。经商创业的还有肉类经销商 5 家，供应县内各大超市、学校、企业、单位等，年纯利润达百万元以上的有 3 家。酒店经营 2 家，分别是文化局妃皇大酒店和施家梁洪鑫酒楼，药房 1 家，即本国大药房，年纯利润均在百万元以上。

（二）以群众发展为核心，"兴橙"多元化服务

坚持党建、群建一体化发展，利用微信群、微信公众号等渠道，线上线下广泛收集村民发展需求，结合辖区产业优势资源，梳理形成服务项目，为加快产业转型升级创造发展机遇。依托党建平台，建立与群众、个体、合作社的沟通互动机制，实现互惠共赢，以党建带发展，推动新经济组织不断发展壮大。兴家村地理条件优越、光照充足、土地肥沃，是脐橙种植的黄金地段，全村脐橙种植面积 2 900 亩，主要种植 72-1、纽荷尔、圆红、伦晚、夏橙五个品种，年出售量约 6 000 吨，年产值约 4 500 万元。全村脐橙种植农户 730 户，水果经营个体户 113 户，专业合作社 6 个。经过村"两委"、党员代表、村民代表不断摸索，以"群众＋个体""个体＋合作社"方式建立相互联动机制，优化管理模式，更新种植技术，改良种植品种，邀请各地脐橙种植专家开展种植技术培训，向中高端市场接轨，实现群众利益最大化。

2022 年是百年难遇的干旱之年，由于气候条件恶劣、水资源极度匮乏等，兴家村主产业面临崩溃。夔门街道党工委、办事处主动作为、

邀请湖北脐橙种植专家进行技术培训

果断决策，下拨资金到各村（社区）购买抗旱管道、抽水泵等灌溉设施，铺设安装抗旱管道 15 500 米，及时为老百姓排忧解难，将产业损失降到最低。年底脐橙价格飙升，老百姓的产业产值没有受到任何影响，产量不降反增，党建统领为民排忧解难。

（三）以常态常效为取向，"兴家"多层面推广

充分利用村级党组织网格化管理模式，实现党组织覆盖率 100%。工作进一步下沉，分类包片，定期走访网格群众，实现走访全覆盖，收集村情民意，实行代办事项清单制，解决群众急难愁盼问题。设置党员示范岗，发挥党组织的组织统领和党员骨干的先锋示范作用。强化党组织对群团组织的领导，着力构建大群团服务格局，形成党建与群建信息共享，资源共享，成果共享的工作格局。服务精准对接，创新开展党建服务项目认领，通过"民情专递"问需于民，紧扣群众所

需所盼，汇总形成服务项目。组织多方资源共同参与村治理和服务，有效解决村人员、资源、力量不足的问题，实现村民共治，有效促进辖区和谐稳定。

加大社会治理力度，根据实际情况进一步完善村规民约，推进移风易俗，保持良好家风。通过微信群、院坝会、广播等方式扎实开展宣讲，围绕践行社会主义核心价值观，聚焦群众关注的创业就业、医保社保、产业发展、法律法规、文化惠民等民生问题，有效利用本地地域文化、风土人情等方面打造多元课堂，提高村民个人素质，增进邻里关系，"豪华墓""无事酒"整治效果明显。按时评选"和谐邻里""清洁家园""遵纪守法""身边好人"等，进行公示宣传，以点带面，让更多群众参与到活动中来，更好地体现村民自治。不定期开展新时代文明实践志愿者服务活动，建立志愿服务积分制，形成常态长效的志愿服务激励机制。以党建带群团组织，充分整合资源，拓展服务方式，形成党建带动、多元参与的服务体系。引入各类志愿服务团队，以项目制、组团式的方式，为村民群众提供常态化的志愿服务。

院坝会宣传社会治理

志愿者参加环境整治服务活动

三、启示

夔门街道兴家村坚持以"党建+治理+发展"三轮驱动模式,集成党组织要素、产业性要素、生态要素等,提升基层治理效能,围绕打造党全面领导、队伍忠诚清廉、组织创优争先的新时代"红岩先锋"变革型组织的要求,以"兴业、兴橙、兴家"为发展目标,在夯实党建阵地、发展特色产业等方面做足文章,加快构建党建统领下的居民基层治理新格局。

(一)找准关键点,以创新的理念为指引

基层是社会治理的基础和重要支撑,是联系服务群众的"最后一千米"。理念决定思路,思想决定出路,村党建以村党组织为主体,必须树立新理念,运用新思想,协调各方力量,整合各类资源,实现村党建效益最大化。

（二）找准发力点，以科学的机制为支撑

依托党建平台，组织多方资源共同参与村治理和服务，坚持条块结合、协同发力，建立资源整合、优势互补、共建共享的党建工作新机制。

（三）找准落脚点，以满意的服务为目标

建设基层服务型党组织，核心在服务，要坚持以人民为中心的发展思想，把功能定位从管理转到服务上来，推动工作力量向村下沉，职权资源向村下放，在职党员向村报到，构建方便、优质的便民服务网络，创新多元、个性、互动的村服务项目，更好满足辖区群众日益增长的物质文化需求。

创新为民服务"四个一"
探索乡村治理新路径

白帝镇坪上村

一、背景

　　乡村治理是国家治理的基石，也是乡村振兴的基础。习近平总书记指出，"要推进乡村治理能力和治理水平现代化，让农村既充满活力又和谐有序"，"要夯实乡村治理这个根基"。白帝镇坪上村坚持社会主义新农村建设"生产发展、生活宽裕、乡风文明、村容整洁、管理民主"总要求和实施乡村振兴战略"产业兴旺、生态宜居、乡风文明、治理有

坪上村国家现代农业产业园

效、生活富裕"总要求,以高质量党建统领,基于"全面建设社会主义现代化国家,最艰巨最繁重的任务仍然在农村"这一重大论断,通过横向联动资源、纵向联动效率,创新为民服务"四个一",达到乡村治理效能提升上的集成,全力办好群众身边大小事。

二、做法和成效

（一）打造适应需求、适应发展的"一支队伍"

白帝镇坪上村以"党员定责、五员定岗"为抓手,通过党员担任"宣讲员、领头员、跑腿员、维护员、调解员",守好服务群众"最后一千米"。当好"宣讲员",由党员组成的宣讲队深入田间地头、农户家中与群众进行"面对面"宣传,收集意见建议。当好"领头员",推行"党员干在地头"的党建统领产业发展模式,让党员充当发展"吸铁石",专业技术人员挨家挨户送农资、传技术、教知识,辐射带动农户在家门口走上致富路,支部领航、党员领头、群众致富的产业发展格局初见成效。当好"跑腿员",党员"包帮包办"为群众跑腿,解决村民在产业发展、环境整治、就医就学等方面的问题。当好"维护员",党员化身为山长、路长、田长,带领群众和志愿者守好青山、护好绿水、扫好公路、管好农田,组织卫生清扫,劝导制止乱采滥伐、乱倒乱排、乱建乱搭及秸秆焚烧等问题。当好"调解员",建立"院坝调解"制度,聘用党员为义务调解员,充分发挥党员人熟、地熟的优势,从田间地头到群众庭院,调解纠纷矛盾、劝阻"无事酒"。

（二）构建科学规范、服务精准的"一张网格"

白帝镇坪上村坚持把网格化服务管理作为发现问题、解决问题的有效手段,通过"三门五事"工作法,实现前置防范、前瞻研判、前端处置的矛盾化解目标。网格员敲门问询,逐户上门"五问",即问情况、问困难、问需求、问建议、问满意;确保做到"四掌握",即对网

坪上村村民议事点

格中住房情况、邻里纠纷、人口流动、重点人群全面掌握。议事点开门收集,依托党员中心户,设置6个村民议事点,采取网格员、党员等轮流坐班召开议事会,收集群众反映的意见,现场为群众解答问题,让村民成为村庄治理的"主人翁"。党小组分门别类,每周召开工作会议,把群众的琐事、急事、家事、实事、公共事"五类事"按照轻重缓急、分类施策、闭环办理原则落实,有效解决村民的"忧心事""烦心事"。

(三)构建扁平高效、便捷群众的"一个平台"

白帝镇坪上村通过"一条链服务、两条腿代办、三评价督办",建立了涵盖需求发布、派单服务、上门办理、跟踪问效的帮办服务,为群众和企业提供"保姆式"入户服务。一方面,依托互助协会等为村民提供物资购买、房屋装修建造、粮食作物春耕秋收、给果树打药上肥等"一条链"帮办服务;另一方面,吸纳村干部、志愿者等群体组建"坪上跑腿团",围绕证照办理、社会保险、社会救助、卫生健康、

组织党员、群众志愿者做道路"维护员"

劳动就业等领域，为群众提供派单上门办理、代办等服务，将"零距离式服务"延伸到群众身边。提供代办服务以来，已累计为群众办理事项187件。另外，成立由群众代表、监督委员会、村"两委"三方组成的评价小组，针对帮办服务质量、价格、体验综合评价，动态调整服务事项。

（四）营造互帮互助、携手共进的"一个氛围"

白帝镇坪上村坚持弘扬以邻为善、以邻为伴、睦邻友好的邻里精神，通过"四互"引导群众营造共建、共治、共享的治理新格局，形成无事常联系、有事共商量、邻里一家亲的和谐氛围。就地就近合理组建互助小组，通过以工换工、积分换工、付费换工三种形式，"随手帮"打扫卫生、洗衣晒被、做饭送饭、照看孩子等一揽子事，让邻里有了"远亲不如近邻"的温情。组建党员"管得宽"小分队，通过"喝茶说事"，将群众矛盾纠纷化解在桌上。开展常态化评比，通过家庭申报、群众互评打分、村党支部审定,定期开展坪上"十佳好人"评选3次,弘扬优良传统。每季度组织一次"村民会",先后举办趣味运动会、文艺表演、才艺展示、趣味竞赛等活动,丰富村民的文化生活。

三、启示

（一）时刻铭记党的宗旨

习近平总书记指出,"全面深化改革必须以促进社会公平正义、增进人民福祉为出发点和落脚点。这是坚持我们党全心全意为人民服务根本宗旨的必然要求"。白帝镇坪上村时刻牢记坚持党和人民的利益高于一切是党员应尽的义务,深入推进"我为群众办实事"的实践活动,守护让人民生活幸福这一"国之大者",实现"让老百姓过上好日子"这一质朴愿望。

（二）始终践行群众路线

习近平总书记指出,"增进群众感情,践行群众路线"。白帝镇坪上村把人民群众的利益放在第一位,始终坚持为人民谋利益,把群众观点、群众路线深深根植于思想中、具体落实到行动上,要着力解决群众最关心、最现实的利益问题,争做群众的知心人、贴心人、领路人。

（三）永恒追求人民满意

习近平总书记指出,"做到知民情、解民忧、纾民怨、暖民心,多干让人民满意的好事实事"。白帝镇坪上村将人民安危冷暖"置顶",牢记"人民满意"是最大的幸福,把群众满意作为评判党员干部的"水平仪""度量尺""风向标",让群众的获得感、幸福感和安全感充实保障可持续。

"三四五"工作法推动党建统领网格治理提质增效

草堂镇柑子社区

一、背景

草堂镇柑子社区位于草堂镇中心场镇,现有户籍人口4 538人,常住居民12 580人,外来人口7 500余人。奉节县生态工业园区落户在柑子社区,园区现有企业84家,员工4 459人,其中县外务工人员2 665人。草堂镇柑子社区面对基层"三留守"人员、务工人员增加导致社会治理难度加大的难题,从人性化、多元化、智慧化入手,夯实基层党建工程,聚焦服务体系变革,坚持以"联动式集成"党建统领模式打造新时代"红岩先锋"变革型组织,推广"三四五"工作法,推动网格支部、党员联户"两个全覆盖",实现党建统领网格治理一体推进。

二、做法和成效

(一)用心用情做好"三项服务",激活网格治理"红细胞"

围绕重心下移和深化基层,不断做实网格、深耕网格,推动各类资源、力量、服务下沉到底,做到"人在格中走、事在网中办"。社区党支部现有正式党员54名,以"1+3+N"体系配备网格力量,

柑子社区"现代社区"

着力做好服务基层、服务企业、服务群众"三服务"工作。在服务基层上，开展"一窗受理、集成服务"，社区便民服务中心新增"就业驿站"，建立"服务乡亲—就业驿站—服务企业"机制，解决园区企业招工和员工求职间的"信息差"。新设"求职信息池"为群众提供岗位推荐、求职登记等服务，通过与用工企业对接，建立"用工需求库"，畅通就业微循环，变"人找服务"为"服务找人"。在服务企业上，发布园区企业招工信息90余条次，畅通企业与求职者之间的沟通渠道。成立"红岩先锋助企服务专团"，分类建立企业用工、院校毕业生、就业需求等五大台账，以"店小二"身份上门走访企业，帮助企业纾难解困50余件。在服务群众上，打造以柑子社区服务中心为主阵地的基层服务矩阵，创新做好"一老一小"服务事项，打造社区共享食堂、母婴休息区等平台，为群众提供议事、亲子活动等休闲文化服务，满足群众全方位、多样化服务需求，让便民服务中心具备基层党建、便民为民、托育养老、文化娱乐、基层治理等功能。

"就业驿站"为居民提供就业咨询服务

（二）尽心尽力做好"四治融合"，强健网格治理"新肌体"

发挥"自治"强基作用，焕发内生动力。成立红白理事协会、老年服务协会、人居环境整治协会、场镇文化服务协会、农村供水管护协会五大自治协会，大力实施实现共建共享共治，及时解决饮水、人居环境等各类问题 32 件次，不断提升群众主动性和积极性，增强其认同感和归属感。发挥"法治"保障作用，维护秩序和谐。充分发挥"一村一警""村居顾问""5 名法律明白人"等力量，以网格为单位多渠道、多途径、多方面普及法律知识、宣扬法治文化，强化人民调解、司法调解、行政调解能力，建立健全维权联动机制，引导企业员工和社区居民办事依法、遇事找法，解决园区务工人员维权问题、矛盾纠纷 17 件次，全力维护群众合法权益。发挥"德治"教化作用，推进社风文明。深入挖掘道德模范资源，举办道德讲座、风尚讲堂等活动，引导居民讲道德、守道德，形成学榜样、争先进的良好社风。积

辖区派出所民警为居民开展司法调解

极组建"红岩先锋"志愿服务队,吸纳社区志愿者、工业园区党员等113人,通过入户走访等形式,累计发现问题400余个,解决389个。发挥"智治"支撑作用,赋能乡村数字治理。依托一体推进"三不腐"基层实践站、清廉奉节等平台技术,借助现有党建信息系统、平安综治系统等,搭建智慧信息联动指挥系统。整合社区工作力量,开展任务分派、力量调度、工作督办为民服务回路闭环。同时建立园区与社区"责任共担"的捆绑机制,在"八小时之外"为园区职工生活增添色彩、为其生命安全保驾护航,真正做到资源整合、力量融合、工作联动,形成"平时为掌、战时为拳"的工作格局。

(三)真心真意做好"五件实事",畅通网格治理"微循环"

按照"近、亲、熟"原则,优化社区党员联系农户体系,社区党员通过"党员+居民代表""党员+楼道长""党员+志愿者"等方式联户不少于15户。分网格建立居民QQ群、微信群,推动党员走访到

党员入户开展走访

户、建群联户,做好"看、听、讲、劝、帮"上门五件事,即生病要去看、民意要去听、政策要去讲、纠纷要去劝、困难要去帮。推出党员"红管家"服务,一名"红管家"联系1—2个楼栋的居民,开展政策宣传、党建活动、法律援助等服务,结成一个民情联系网,既当服务居民的"贴心管家",也当网格治理的"顺风耳、千里眼"。同时聚焦本地就医、子女就学等急难愁盼问题,通过入户走访、发送大礼包等方式,在"八小时之外"对企业职工及其家人进行慰问,倾听和掌握其诉求和心声,帮助解决实际困难和问题,达到"慰问一人,温暖一户,带动一片"的效果。

三、启示

草堂镇柑子社区充分整合人力、物力、财力等资源,大力开展惠民工程,不断拓宽干部为民服务渠道,全力打造新时代"红岩先锋"

变革型组织。

（一）突出党委带领，激活一池水

以党建为统领，选优配强网格长、网格员，全面推行使用"网格综治"App，实现民政、社保、医保等服务事项"一网统管"，全力做好"三项服务"工作。

（二）突出支部带动，释放新动能

坚持党组织牵头、党员示范、群众参与，充分发挥"四治"作用，最大限度调动辖区群众参与基层治理的积极性，齐心协力将柑子建设成为一个和谐稳定、乡风淳朴、生活幸福的美丽社区。

（三）突出为人民服务，增强驱动力

以为人民服务为宗旨，切实做好上门五件事，解群众之难、帮群众之需、办群众之急。草堂镇柑子社区在推进"工业小镇"建设、人居环境整治等工作中实战实用"三四五"工作法，逐步形成制度成果。

下一步，草堂镇将继续着眼于全领域建强、全区域提升，从制度化、标准化、规范化入手，在全镇运用推广"三四五"工作法，切实做实、做细、做深做优基层党建工程（实施发挥社区组织主体作用、激发党员群众主体意识"两大主体工程"；推进网格支部全覆盖、党员联户全覆盖"两个全覆盖"；运用社区党组织的堡垒指数、党员的先锋指数"两大指数"），让全镇党员干部"坐不住、闲不住"，让"集中走访日"下村（社）成为习惯，群众有问题找党员成为"本能"，让党员提振精神、挺直腰板，让群众问题得到解决、增强群众获得感，逐步实现党员先锋指数和信访率"一升一降"，积极构建党建统领基层治理新格局。

党建统领社会治理
乡村振兴"提档升级"

竹园镇竹园社区

一、背景

随着城市化进程的加快，越来越多的户籍人口选择外出打工或迁徙到城市居住，长期居住在乡镇社区的多为附近镇村迁入人口。乡镇社区是最典型的基层单元，但因人口流动大、基础设施缺、居住环境差，居民对参与社区治理的积极性不高，给社区治理带来不小的挑战。竹园社区辖区面积6.5平方千米，户籍人口1 238户3 139人，常住人口3 051户10 125人，现有党员65名。近年来，竹园社区坚持以"联动式集成"党建统领模式打造新时代"红岩先锋"变革型组织为抓手，通过治理主体和措施上联动，提升群众生活质量和满意度。

二、做法和成效

（一）强堡垒、聚人才，打好组织保障"关键牌"

"给钱给物，不如有个好支部。"面临辖区复杂的现状如何开展社会治理？竹园社区抓住基层党组织和干部队伍这两个基层建设的"关键少数"，在村"两委"换届时，以抓基层、强基础、固基本为工作导向，吸收年纪轻、学历高、有活力的新鲜血液，一批优秀的基层人才

社会治理志愿者

进入社区工作。竹园社区现有专职干部7人,其中女性干部4人、大专及以上文化干部5人、49岁以下干部4人,平均年龄39岁,低于全县村(社区)干部41岁的平均年龄。在日常工作中,支部注重学习与实践相结合,打造"互联网+党建"学习模式,通过微信分享、云端党建、短视频拍摄等方式共享学习资料;同时动员外出党员将所见、所闻、所想每月反馈给支部,为社区发展建言献策,党员参与家乡建设热情高涨。支部凝聚党员和群众的力量,用实实在在的方法解决居民集中反映的问题,并依靠退役军人服务站、民兵连、共青团、妇代会、儿童之家等群团组织,招募社会治理志愿者充实到社区队伍中来,为开展社会治理提供有力的组织保障。竹园社区连续3年获竹园镇综合考核第一名。

(二)抓难点、疏堵点,打好场镇管理"创新牌"

"治标要治本",欲想治本,必须发现问题的根源,从而对症下药。竹园社区是涉农社区,场镇人车多,街道脏乱差,管理难度大,刚清

干净整洁的街道

理完的街道很快又恢复原样，环境卫生差、行车停车难让不少居民苦不堪言。"两委"换届后，新一届社区班子决心要治理街道乱象，就管理问题、居民诉求等方面进行全方位调研，并召开居民代表会，最终确定"摊齐门、车归位、人守规"的场镇秩序准则。86名无职党员、54名新时代文明实践志愿者全覆盖全天候守点巡逻，确保所有商摊齐门；新修停车场2个，规范白马路停车位150个，有效解决停车难问题，确保所有车辆可归位；10名场镇管理志愿者从凌晨5点开始坚守岗位，开展游商引导、制止乱停、清理乱占、秩序维护等管理活动，确保场镇居民守规矩；每月坚持开展"清洁村庄"志愿服务活动，组织志愿者对场镇外区域进行清扫整治，通过新时代文明实践积分银行对居民清洁卫生习惯进行管控，每月进行评比，清洁加分、脏乱扣分。社区讲清洁、爱卫生的好习惯蔚然成风，交通拥堵、以路为市、环境脏乱差等问题得到有效解决，居容居貌焕然一新。

（三）优产业、促发展，打好强村富民"先行牌"

竹园社区依托农村"三变改革"，不断优化营商环境，积极开展招商引资，争取企业、项目、政策等资源要素，以"企业＋集体经济＋农户"模式，引进种植公司2家、规上企业1家，培育新型经营主体

脆李产业基地

150余个，发展农家乐1个、游乐场2个，不断挖掘第三产业潜力；拓宽种植业、养殖业规模，中药材、小水果（如晚熟脆李）等特色产业种植面积达1 000亩，养殖山羊、生猪、肉牛达1 200头；回引15名有志青年返乡创业，为集体经济发展、居民增收致富积蓄动能；引导900余名居民走进田间、走进车间，让集体经济活力满满；发动社区115名抖音爱好者组建直播团队，搭乘抖音"快车"平台，通过直播带货形式，助力社区产业发展，已累计销售脆李、土豆、土鸡、夔汉子牛肉干、腊肉等本地产品100多吨，实现经济收益50万元。

三、启示

（一）"火车跑得快，全靠车头带"

积极进取的领导班子是地方发展的领头羊。要打造新时代"红岩先锋"变革型组织，就要与时俱进探索新的工作模式和方法。夯实业务水平，要熟练掌握办公软件，还要通过在互联网平台学习和不断写作来提升业务水平。提高讲话水平，应善于培养干部克服本能恐慌，多利用召开居民会契机让社区干部锻炼讲话能力。增强创新意识，要敢于尝试新的思路和做法，在实践中不断创新。

（二）"没有规矩，不成方圆"

明确细化的规章制度是工作运行的压舱石。严格管理党员，认真贯彻执行"三会一课"等制度，组织党员按时参与主题党日、志愿服务活动，引导广大党员自觉做到守党章、履职责、做表率，敢于靠前站、主动上、必干成。明确职责分工，每年1月召开"两委"班子会议，商讨本年度任务分工，实现分工明确和合作密切，确保工作有序进行。执行值班制度，每周二集中办公，周六和周日轮流值班，方便居民办事。

（三）"干部干部，干字当头"

担当作为的干事氛围是队伍建设的助推器。严格执行网格管理机制，按照先网格员、再网格长、最后支部书记处理的方式解决问题，充分信任专职干部，给予他们权力和自由，让他们有独立干事的底气。培养党员干部第一责任人意识，定期召开会议总结每一位党员干部近期取得的工作成绩，赋予其工作成就感，变"要我干事"为"我要干事"。扁平化支部管理，支部书记要抓大抓早、合理分工、统揽全局，党员干部要履职尽责，时刻把人民安居乐业、安危冷暖放在心上，不推诿、不拖拉，用心、用情解决好居民关心的难事、烦事、揪心事。

党建统领创"实业"
致富田里种"金豆"

吐祥镇槽心村

一、背景

　　党的二十大报告指出,"巩固和完善农村基本经营制度,发展新型农村集体经济,发展新型农业经营主体和社会化服务,发展农业适度规模经营"。吐祥镇槽心村位于吐祥镇西南部,受农村青壮劳动力短缺、农村基础条件差、种植业效益较低、农机装备落后等影响,土地不同程度出现撂荒现象。槽心村党支部坚持党建统领,突出问题导向,把发展农村特色产业、壮大集体经济作为全面推进乡村振兴的重要途径,以"联动式集成"党建统领模式打造新时代"红岩先锋"变革型组织,聚焦豌豆种植,围绕土豆、大豆、玉米三茬作物"豆玉复种",引领群众致富,为村集体经济持续发展打下坚实基础。

二、做法和成效

　　(一)党建统领"鼓实劲",摸清命脉明确发展方向

　　建立健全安全生产第一责任人制度,严格落实支部责任田制度,实行镇驻干部包片、村"两委"干部包组、村党员包田的"三包"责任制,推动撂荒地复耕复种。建立"双联"机制,通过"支部联系党员,

槽心村豌豆种植基地

党员联系群众",发挥党员带头引领作用,组织党员干部分工合作,带头深入田间地头开展撂荒地摸底排查,建台账、列清单,全面摸清查明耕地撂荒底数和撂荒原因。召开户主会议,做实、做细群众思想工作,入户宣传撂荒地复耕复种和奖补政策,为群众解读土地政策、宣传发展思路、统一发展思想,激发群众自身动力,推动群众复耕复种采取"党支部+村集体+经营主体+基地+农户"发展模式,形成村集体、经营主体、群众互利共赢良好局面。打造变革型组织,推行"网格化+清单式"管理模式,镇主要领导亲自抓、分管领导具体抓、驻村干部和村干部一线抓,完善三级撂荒地整治网格化机制,因地制宜利用山地资源优势,为全镇撂荒地复耕工作提供槽心经验。

(二)多种模式"找路子",盘活土地资源变废为宝

开展土地出租,村支部组织统筹,将地理位置好、土质优良、灌溉便利的土地集中,整合连片后引进潢源盛鑫农牧有限公司到村承包,

党组织研讨产业发展路径

按照市场价格收取土地租金。截至2023年上半年,共对外流转土地1 400亩。自主兜底经营,对连片整治位置较差、生产条件差的土地或撂荒地,村支部指导村集体经济合作社以较低租金对其集中流转,实现护地养地、蔬菜产量"双丰收"。组建服务组织,结合村情实际,全力打造一支有素质、有技术、有责任、有担当的惠农服务队,提供就业岗位,解决当地农村人口就业问题,严守耕地红线,保护粮食安全。

(三)因地制宜"想法子",拓宽集体经济增收渠道

建设冷链仓储,积极争取上级资金支持,谋划修建400平方米冻库,配套通风库500平方米,建成后出租获取租金收益。发展生态种植,村集体经济合作社和村内的山羊养殖场合作,将山羊养殖产生的粪污经发酵后作为村自营农作物肥料来源,减少化肥使用,降低生产成本,提高农作物经济价值,同时向养殖场收取粪污处理费用,增加村集体经济收入来源;将豌豆秸秆、玉米秸秆等作物废料卖给养殖场

豌豆丰产采收

作为山羊养殖饲料,形成生态循环养殖系统。规划打造生态示范观光旅游景点,开展生态豌豆、蔬菜采摘活动,促进产业升级。加强宣传力度,优化宣传平台架构,充分发挥官方媒体策划优势,通过新媒体传播挖掘潜在消费群体,吸引农业类企业投资发展,助力建成"一村一品"。

(四)关键环节"花心思",实现产业发展提质增效

抓日常管理,坚持引进优质品种,实现种植科学化、规范化,严格执行高标准,建立全流程监管机制。合作社按照收入情况以市场价格为基础为管理者发放薪资,通过利益联结,促进合作社日常高效管理。抓民主管理,着重抓好村级民主管理,对村级所有重大事项均通过"四议两公开一监督"要求规范操作。通过村"两委"会议,研究解决基础设施建设、民生等关系群众切身利益问题,在项目实施中全程公开建设内容、建设进度,做到公正、公开,提高村集体资金使用

透明度。抓市场调研，前往各大农贸市场、大型超市实地考察，了解豌豆和其他蔬菜的淡旺季市场份额及大型龙头企业保底回收政策，打好销售提前量。

三、启示

（一）党建统领是根本

党建统领是产业发展的主心骨，政策支持是产业发展的风向标。认真落实党建工作责任制，坚持书记抓、抓书记，明确党组织书记抓党建工作职责，层层压紧压实管党治党责任。党员干部起到带头模范作用，通过政策支持吸纳更多民间、社会企业融入，扩大产业群体，提升农户发展产业的积极性，因地制宜地找到富农增收的"好路子"。

（二）产业规划是关键

谋定才能后动，做好产业规划是产业发展的先决条件。在产业布局上，党组织要坚守初心和使命，做好规划部署，要坚持全面发展"主导产业"的决心，坚持多种产业融合发展，充分利用闲置土地资源。在产业选择上，要因地制宜，选择产业链较为完善，具有代表性的经济产业，重点突出"一村一品"。

（三）人才培养是保障

百姓富不富，关键靠支部；支部强不强，全靠领头羊。人才能激发集体经济新活力，因此要着力加强村级后备力量培养，储备培养党组织带头人、致富带头人。深入开展党建业务和专业技术培训，配好产业基础设施，备好产业专业人才，确保实现产业增收、乡村振兴。

聚焦组织建设 打造"生态良家"

太和土家族乡良家村

一、背景

习近平总书记在党的二十大报告中强调，要"坚定不移全面从严治党，深入推进新时代党的建设新的伟大工程"。太和土家族乡良家村大力弘扬伟大建党精神和红岩精神，以"求真务实、开拓创新"为发展理念加强党组织建设，锚定"党建统领、产业兴旺、生态康养、乡风文明"建设目标，大力发展产业联动，实现农民增收致富路上的效果集成，以打造新时代"红岩先锋"变革型组织为抓手，打造"生态良家"。

二、做法和成效

（一）聚焦党建统领关键，提高党支部的凝聚力和战斗力

良家村党支部抓住"党建统领"这个关键不放松，在阵地建设、队伍建设、制度建设上做文章，不断增强党支部的凝聚力和战斗力。改良办公环境，建设好党员活动阵地，共集资8万余元升级改建成标准化的党群服务中心，解决为民服务不够规范的问题，同时依托活动场所规划，建设文体活动广场，装配健身器材和运动设施，让干部办公有场所、党员活动有阵地、群众文体活动有场地，各项活

动正常开展，党组织活力明显增强。在支部书记的带领下，打造团结、务实、和谐、奋进的一流班子，严格履行民主集中制度，开展工作重团结、讲民主，涉及重大事项组织召开党支部会议、村"两委"会议、监督委员会议、党员大会、村民代表讨论决议，使各项工作得到顺利开展，党支部凝聚力和战斗力进一步增强。建立有关党组织建设、党员定期学习培训制度，进一步加强党员日常教育管理，定期主动关心流动党员，储备年轻后备干部。实施党小组网格管理、党员"先锋指数"管理机制，实行"四治"融合乡村融合治理，推行党小组积分制，评定"红岩先锋岗"，努力建设一支素质优、专业强、服务技能高的干部职工队伍。建立健全以"村民自治章程"为核心的村规民约、环境卫生等系列制度，使村务管理进入制度化轨道。

（二）聚焦产业兴旺主题，一心带领群众致富奔小康

村党支部因地制宜按照"企业带基地、基地带产业、产业带农户"的发展思路，弘扬"高山群众"吃苦耐劳的奋斗精神，为村民创造一个良好的致富环境，脚踏实地做工作。加强基础设施建设服务基础，硬化农村"四好"路、产业便道，整治产业农田，解决群众出行、生产困难问题，直接使广大村民增产增收；新修水池，常态化维修水池，新建净水处理厂，解决群众饮水难题。发展产业多元化服务群众，发展烤烟、蔬菜、中药材等农作物种植，组织群众集中开展"春耕春种"、猪牛羊养殖等，并集中养殖种植管护；立足地域气候优势，发展高山特色小水果种植和现代化奶牛养殖等生态产业建设，进一步优化村民收入结构，带领村民增收致富。2023年上半年，已建成良佳观光农业基地200亩，引导当地村民种植果树50亩，为村民免费提供种植技术支持，鲁渝东西协作示范项目直接带动当地贫困人口就业。发挥先锋模范带头作用服务企业，通过群众会、院坝会宣讲等方式，鼓励群众积极到本地企业务工。村"两委"通过拍摄抖音短

良家村鲁渝东西协作奶牛场

视频、发布微信朋友圈信息等方式积极宣传推销良佳农业生态观光农业有限公司和渝鲁畜牧养殖场等企业产品,不断扩大产品知名度和影响力,助力企业增收。

(三)聚焦生态康养优势,提升高山小水果观光园知名度

依托创建重庆奉节兴隆国家级旅游度假区"云龙长兴太"旅游发展机遇,坚持"生态、经济"统筹发展,大力发展高山特色小水果产业,努力成为旅游带动型乡村振兴的奉节新典范。多渠道打响特色品牌,深度挖掘高山无公害水果优势,通过抖音、腾讯、华夏航空等线上平台带货,建立以区域为主导的品牌形象,汇聚以川渝地区为中心并覆盖全国的线上流量。科学布局生态果园,聚焦土家元素,布局果园观光、水果采摘、乡村游乐、民族文化展示等配套产业,形成"公司+示范基地+农户+市场"模式,带动产业集群靠拢。

良佳生态观光农业果园

（四）聚焦乡风文明这个环节，致力民乐村安治理有效

大力改善人居环境，实施垃圾分类、污水治理、厕所革命、卫生乡村等专项行动，成立人居环境整治工作领导小组，健全相关机制，完善基础设施，村里生产生活条件明显改善，群众生活品质显著提升。大力整治违规整酒，制定村规民约，通过召开党员、村民代表大会，让村民自觉签订《不违规整酒承诺书》并成立"红白理事会"，对违规整酒、整"无事酒"的行为进行严格监管，文明劝导，让村民自觉抵制"无事酒"。近两年来，全村未发生一起违规整"无事酒"现象。大力倡树新风正气，积极开展新时代文明实践工作，敢于叫响"我先来，跟我上"，致力以党建为引领，组建志愿服务工作队，发挥村民自治作用，提高村民参与度，着力在宣传群众、教育群众、服务群众上下功夫，构建文明乡风。

三、启示

（一）夯实战斗堡垒，打造组织建设"火车头"

深学笃行习近平总书记重要指示精神，全面贯彻党的二十大精神，始终把党的政治建设摆在首位，牢固树立"抓党建就是抓全局"的理念，"组织兴则事业兴，党建强则发展强"，切实将基层党组织建设作为提升基层治理能力和乡村振兴战略实施的关键核心。

（二）创新产业发展，增强经济发展"内生力"

坚持"抓党建、强组织、显优势、兴产业、促振兴"的发展思路，将党建与产业建设深度融合、协同发展，充分发挥党组织和党员的引领带动作用，发展壮大特色产业，以党建赋能"产业发展"，激发乡村振兴活力，推动企业、群众"双增收"，走上乡村振兴高速路。

（三）真情做好服务，打通为民服务"最后一千米"

作为联系服务群众、企业的最前沿阵地，基层组织在推动发展、凝聚人心、促进和谐中有重要作用。以人民为中心，以"小处着眼，细处入手，实处着力"为载体，用脚步丈量民情，用贴心凝聚民心，用担当排解民忧，把改进作风的成效真正落实到"末梢神经"，自觉当好新时代"红岩先锋"变革型组织的践行者、推动者。

"五彩党建"筑牢"社区之治"

羊市镇渔灯社区

一、背景

2023年上半年，羊市镇始终坚持党建统领，着力强组织、搭平台、聚合力、破难题，采取"党建统领+干群共治"模式，从细微末处"对症下药"，积极打造新时代"红岩先锋"变革型组织，不断激发基层治理新活力。宜居宜业和美乡村试点村社渔灯社区党支部以"边贸窗口、五彩渔灯"为思路，积极探索红、蓝、橙、绿、黄"五彩党建"工作法，通过"五色党建"联动，实现党组织战斗堡垒作用发挥上的集成，不断增强基层党组织的组织力、凝聚力、战斗力，推进党群共建，全面助力乡村振兴。

二、做法和成效

（一）"党建红"唱响基层治理主旋律

全面推进乡村振兴，党建统领是根本。渔灯社区将乡贤工作纳入"大党建"工作格局，成立社区乡贤工作领导小组，健全完善"两委"成员联系重点乡贤服务机制，全面排摸乡贤人士情况，建立台账及微信联络群。106名乡贤全面参与乡村振兴工作，积极投身社区建设与治理，在建言献策、引领乡风文明、化解矛盾纠纷等方面发挥重要作

"红岩先锋日"志愿服务活动

用。创新开办"党员干部在干啥"宣传公示栏,将社区"两委"成员中的党员以及部分在家无职党员"为群众办实事"的照片公布在工作栏,客观、真实、动态、全面反映党员为群众办实事的工作成效,充分发挥党员先锋模范作用。

(二)"服务蓝"激发党员先锋内动力

结合每月 8 日"红岩先锋日",打造一支为民服务、攻坚克难的特色服务队。服务队由渔灯社区"两委"成员、在家党员、部分乡贤同志组成,共计 25 人。服务队每人配备"蓝袖章",围绕"敲门行动、上门服务、隐患排查、消防演练"等开展一系列特色服务活动,切实把贴心服务和惠民利民政策送到基层、送进社区、送入家庭,把防风险、保安全、护稳定各项工作落到实处,真正做到为民纾困、为民解难、为民分忧。

（三）"丰收橙"打造农旅融合新路径

以渔灯社区最美村庄建设、标准化脐橙种植、高标准农田整治、长滩河河堤整治等重点项目为抓手，打造集餐饮、住宿、垂钓、观光为一体的"边陲渔村"。沿长滩河畔建设1 000亩脐橙采摘园，聘请专业技术人员开展培训，打造"羊市甜橙"渔灯香橙品牌，进一步拓宽农民增收致富渠道，促进"脐橙+旅游"农旅融合发展。

"羊市甜橙"渔灯香橙

（四）"生态绿"守护美丽乡村靓家园

建设锯齿形双膜双拱连栋绿色蔬菜大棚100亩，打造"渔灯放心小菜"蔬果地域品牌。积极探索"党建+人居环境整治"新模式，围绕"道路干净、河道干净、场镇干净"目标，持续开展美丽庭院示范创建活动，结合"党员干部在干啥""红岩先锋日"，发动党员、志愿者、群众积极参与全社区大扫除，稳步提升人居环境，干群共护美丽家园。

（五）"文明黄"树立群众自治好风尚

把村规民约作为加强基层群众自治的重要抓手，建立管水协会、红白理事会等自治组织，签订"黄色承诺书"，设立"黄色公示榜"，构建共建共治共享的社会治理格局。通过每月检查、季度评比，发放"乡风文明示范户"黄色奖牌，将受表彰家庭名单在"黄色公示榜"上进行公示。组织乡贤、总管、社长等签订"黄色承诺书"，依托宣传栏、农家书屋、新时代文明实践站等平台，引导群众红事新办、白事简办，不参与"无事酒"，不修活人墓、不建豪华墓等，以实际行动抵制陈规陋习，倡树文明新风。

群众自治场镇管理

三、启示

抓好基层治理要立足实际、因地制宜、整合资源、务求实效。下一步，渔灯社区"五彩党建"治理模式试点经验有望在全镇总结推广，为建设"山水相嵌边贸羊市"贡献力量，探索党建统领基层治理新路子。

（一）进一步发挥政治引领作用

以习近平新时代中国特色社会主义思想为指引，大力弘扬伟大建党精神和红岩精神，通过梳理制定任务清单，压实工作责任。把基层党建和基层治理紧密结合起来，通过基层党组织领导基层治理，打破传统自上而下的"派单式"模式，推动工作重心和工作重点不断下移，形成党委总揽全局、协调各方，各类组织相互协同、齐抓共管的良好局面。

（二）进一步发挥阵地堡垒作用

深化"党建统领＋组织建设"，不断夯实基层党组织战斗堡垒作用。紧密团结辖区各党支部、各企业、各商户，汇聚各方力量，开展丰富多彩的党建联建和志愿服务活动。讲好红色故事，赓续红色血脉，传承红色基因，让红岩精神影响更多人，带动更多人，鼓舞更多人。

（三）进一步发挥党员模范作用

持续打造"党员干部在干啥"党建品牌，用好乡贤力量，积极推进新时代"红岩先锋"变革型组织建设。落实镇、村全体党员"双报到双报告"工作机制，结合"红岩先锋日"实现镇、村、网格三级联动，促使党员干部与村（社区）携手推进基层党建、基层治理、志愿服务等各项工作开展，切实为辖区群众办好事、办实事。同时带动更多本土的志愿者，继续扩大志愿服务队伍，让群众愿参与、真参与、当主角，切实打通宣传群众、教育群众、关心群众、服务群众的"最后一千米"。

党建统领"四有九里"跑出乡村振兴"加速度"

长安土家族乡九里社区

一、背景

九里社区位于奉节县长安土家族乡东南部,北邻奉节鹤峰乡,西邻奉节冯坪乡,东接八角村,南临川前村,距离县城35千米,辖区面积25平方千米,下辖14个居民小组,现有人口1 104户3 608人,群众收入基础较弱,以务农和外出务工为主。九里社区党支部充分发挥"一个支部一座堡垒、一个小组一盏灯塔、一个党员一面旗帜"的作用,按照"1+2+3"的乡村振兴发展思路,以"联动式集成"党建统领模式加快打造新时代"红岩先锋"变革型组织,党建统领"四有九里"跑出乡村振兴"加速度"。

二、做法和成效

(一)"九里有李",党建统领推动产业兴旺

坚持支部引领产业发展,党员带头发动群众种植脆李800余亩,在市住房城乡建委帮扶集团第一书记刘沂的带领下,打造出"九里有李"脆李产业品牌,这已成为九里社区的重要产业支撑。"九里有李"通过测土配方"凹凸棒"专用肥,实现土壤改良,已取得有机转

"九里有李"产业园

换认证证书。以九里社区党支部党员为核心，组建水果种植协会，建立协会与会员种植户利益链接机制，实现统一种植技术、统一质量标准、统一品牌营销、统一包装销售，达到提升产业规模、提升脆李品质、提升种植效益的目的，走上规范化、产业化、品牌化发展之路。在"九里有李"产业发展氛围的带动下，先后涌现出"唐老鸭""鲜彪牲畜饲养""吴士美养牛场"等规模养殖主体。九里社区党支部充分发挥桥梁纽带作用，积极联系农贸市场、农产品批发市场组团建链，畅通农产品销售渠道。

（二）"九里有礼"，党建统领发展乡风文明

通过村规民约开展文明创评，实施新时代文明实践活动，设立积分银行，以积分制奖优罚劣，规范村民的行为举止，形成遵纪守法、积极向上、邻里和谐、孝老争先的良好民风。发挥党员先锋模

长安土家族乡九里社区"两回两讲两解"宣讲会

范作用,组建党员先锋队伍带领群众开展环境卫生整治,常态化评选清洁家园示范户,以模范带动让场镇焕然一新。成立红白理事会,提倡党员带头推进摒弃陋习、移风易俗,建立红白事三级报备制度,从源头劝阻"无事酒",全面劝导、禁止修建豪华墓,以乡风文明助力乡村振兴。

(三)"九里有理",党建统领实现治理有效

九里社区以桂花井为点,创新探索自治、法治、德治"三位一体"善治模式,打造桂花井村民议事点,赋予基层治理新动能,引导群众形成"桂花井前话家常,和谐邻里情意长"的和谐氛围。议事点采取"1+1+N"模式,由村民选举党性强、威信高、经验丰富、乐于奉献的离退休干部和党员担任议事点点长,巾帼志愿者、青年志愿者等组成志愿者队伍,结合实际制定议事章程,通过发动辖区党员、青年大学

桂花井村民议事点召开议事会

生等当先锋、树标杆、做表率，形成了"我代儿女来看您""幸福敲门"等一系列桂花井特色主题活动。社区党支部推行网格化治理，发挥乡贤、能人正能量，及时主动化解群众矛盾，涌现出一大批先进典型并受到县乡两级表彰，发挥引领示范作用。

（四）"九里有你"，党建统领打造宜居生态

九里社区党支部充分发挥辖区人文、自然资源优势，持续开展社区"亮化工程"，宣传引导群众增强人居环境保护的思想自觉和行动自觉，全力打造宜居、宜业、宜游的崭新九里社区。围绕白龙寺景区建设，布局"九九网红油菜花带"，建设春赏花、夏摘果的白龙寺采摘园，深入推进农旅融合发展，打造集休闲观光于一体的环场镇田园综合体。围绕桂花井古迹打造群众休闲阵地，通过修复古井、保护古树、修缮古宅等举措持续完善阵地休闲功能，为群众打造优美、舒适的休闲娱乐环境。

三、启示

（一）党的基层组织是党的肌体的"神经末梢"，是党执政大厦的地基

我们党历来高度重视党的基层组织建设，党的基层组织从无到有、从少到多、从弱到强，经历曲折不断发展壮大。党的基层组织建设取得了重大进展和显著成就，基层党组织的创造力、凝聚力、战斗力不断增强，为坚持和加强党的全面领导、保持党的先进性和纯洁性、推进党和国家事业取得辉煌成就提供了坚强保证。

（二）增强思想引领力、群众组织力和社会号召力的成功秘诀在基层

基层党组织是联系服务群众的行动者，是宣传教育群众的实施者，是组织凝聚群众的实践者，担负着推动发展、服务群众、凝聚人心、促进和谐的重要责任，是团结带领党员干部群众贯彻党的理论和路线方针政策、落实党的任务的战斗堡垒，彰显党建统领基层治理能力。

（三）发展乡村特色产业，是实现乡村产业大力发展的重中之重，更是为乡村群众拓宽增收致富渠道的重要途径

落实新时代乡村振兴任务，要将发展乡村特色产业放在重要位置，基层干部要发挥好先锋模范作用，结合特色产业不断发展和延伸乡村产业链，打造更为高效、稳定、安全的乡村特色产业链，切实提升乡村发展活力。

后 记

本书是奉节县深入开展学习贯彻习近平新时代中国特色社会主义思想主题教育的成果。这些精选的案例，重点呈现了奉节县认真落实重庆市委六届二次、三次全会精神，通过"联动式集成"党建统领模式，聚力打造新时代"红岩先锋"变革型组织的举措和做法，是对县域党建的一个深度探索。

本书源自奉节县委组织部与复旦大学马克思主义学院研究团队的共同努力。在奉节县委组织部的大力支持下，复旦大学研究团队进行了广泛深入的调研，对"联动式集成"党建统领模式的具体做法和举措，以一个个生动深入的案例呈现出来。在调研期间，研究团队得到了本书编审指导委员会主任、副主任及各位委员的大力支持。

全书由复旦大学马克思主义学院党委书记方明以及奉节县委常委、组织部部长熊健总负责，复旦大学马克思主义学院宋道雷老师的研究团队会同奉节县委组织部团队共同订立框架，王钰洁、黄昊峰、闫博文、于世润、张雪、钱思恩参与调研工作。书中所用图片资料，全部由奉节县各部门和单位拍摄提供。特别感谢复旦大学出版社的张鑫编辑，他为本书的出版倾注了大量心血。

最后还需要说明的是，复旦大学研究团队与奉节县委组织部还将持续开展调查研究工作，对"联动式集成"党建统领模式进行深入研究，持续推出更有深度的学术研究成果。

方明、宋道雷

2024 年 1 月

图书在版编目(CIP)数据

重庆奉节打造新时代"红岩先锋"变革型组织县域实践案例集/方明,宋道雷主编. —上海:复旦大学出版社,2024.1
ISBN 978-7-309-17129-7

Ⅰ.①重… Ⅱ.①方… ②宋… Ⅲ.①中国共产党-基层组织-党的建设-研究-奉节县 Ⅳ.①D267

中国国家版本馆 CIP 数据核字(2023)第 243921 号

重庆奉节打造新时代"红岩先锋"变革型组织县域实践案例集
CHONGQING FENGJIE DAZAO XINSHIDAI "HONGYANXIANFENG" BIANGEXING ZUZHI XIANYU SHIJIAN ANLIJI
方 明 宋道雷 主编
责任编辑/张 鑫

复旦大学出版社有限公司出版发行
上海市国权路 579 号 邮编:200433
网址: fupnet@ fudanpress.com http://www.fudanpress.com
门市零售:86-21-65102580   团体订购:86-21-65104505
出版部电话:86-21-65642845
上海四维数字图文有限公司

开本 787 毫米×960 毫米 1/16 印张 19.25 字数 259 千字
2024 年 1 月第 1 版
2024 年 1 月第 1 版第 1 次印刷

ISBN 978-7-309-17129-7/D・1180
定价:58.00 元

如有印装质量问题,请向复旦大学出版社有限公司出版部调换。
版权所有 侵权必究